青木宏樹

営業マンは、今すぐ“肉食”になれ

いち営業マンだった
僕が社長になれた理由

CARNIVOROUS

営業に興味のなかった僕が「営業大好き！」になった理由

この本を手に取ってくださった方に向けて、著者である僕・青木宏樹が何者なのか？を知っていただくために、まずは自己紹介から始めたいと思います。

この原稿を書いている今（令和元年）の年齢は33歳。

現在、社長として3つの会社を経営しています。30歳の時に最初につくった1つ目の会社は不動産や保険、物販などの営業代行を主に業務として行う会社でした。この会社の業績を短期間でぐんと大きく伸ばして、いわゆる経済的な成功と社会的な評価を手にしたことから一気に未来が大きく開いていきました。

2つ目の会社は出版プロデュースを請け負う会社、3つ目は人材紹介会社です。

ありがたいことに3社ともに業績はすこぶる好調で、ますます希望に満ちた未来を見据えて新しいチャレンジをワクワクしながら考える毎日です。

3つの会社で扱っている業務の分野はそれぞれ別ですが、共通しているのは、どの会社においても「営業力」が最も大事なパワーであるということです。営業力というのは（ここを誤解している人がとても多いのですが）、「モノ」ではなくて「人」に属するパワーです。**「モノ」がいいから売れるのではなく、売れるかどうかを左右するのは、結局はどんな人がそれを売っているのかということに尽きます。**

僕はいつも、**お客様が買ってくださるのは「僕自身」である**と考えています。対象物はなんでもいいんです。保険でも、海外旅行でも、不動産でも、あるいはビールでもボールペンでも。とにかくモノは何でもよくて、「青木くんから、買いたい」と思っていただく。それが、営業力です。

……と、こんなふうに始めると、

「はいはい、営業力自慢ですか？」

「ふーん。すごいねー。自分とは関係のない話だな」

と、誤解されてしまうかもしれないので、あわてて続きを書きますが、今だからこそこんなふうに営業が大好きで、まあ言ってみれば「営業力自慢」をしている僕ですが、たった3年半前は、できることなら絶対に営業マンにはなりたくないと願い、営業という仕事からできる限り遠く離れたところにいたいものだと常に考えていました。

僕が高校を卒業して最初に就いた仕事は、建築会社の施工管理を行う現場監督の仕事でした。最初は新築の戸建ての現場監督だったので、仕事場で顔を合わせて話をする相手は、ほとんどプロの作業員ばかり。クライアントである一般のお客様と話すことはほとんどありませんでした。だから、この時点では僕の仕事には営業の「え」の字もありません。営業は自分とは関係のないことだと考えていました。

次に、リフォームの現場監督をすることになりました。リフォームの場合は新築と違って、人が住んでいる家の中で工事や作業をすることが多いので、そこには必ず住人、つまりお客様がいらっしゃいます。

リフォームの注文をくださったお客様は「どんなふうに変わるんだろう？」「思っていた通りに直してもらえるかしら？」という不安と期待を抱えています。だから、リフォームの工事現場をかなり真剣なまなざしで注視していることが多いのです。背中に熱い視線を感じる、という感じ。

そうなると、無視して勝手に進めるわけにはいきません。毎日のように説明をすることになります。

「今日の作業はこういう目的で、これによってこんなふうに変わります」
「今日の作業は、時々、大きな音が出ることもあります」
「ほこりや木くずがたくさん出る作業ですが、最後に必ず掃除をしてきれいに片づけますのでご心配なく」

というような細かい話をあらかじめしておくことで、不安を少しでも軽減してもらうことが大切な仕事の一部になります。

その日々の中で、実にいろいろなタイプのお客様がいることに気付きました。「はいはい。おまかせしますよ。終わったら呼んでください」と、気軽に言ってくれる人もいれば、一つひとつの作業内容を細かく確認して、ずっと現場で見張っているような人もいます。

今思えば、このときが僕の営業という仕事への第一歩でした。

それはつまり、**お客様とお話をして自分のことを信頼してもらうこと、できれば好意を持ってもらうこと。それが、現場をうまく回すためには絶対に必要だ**ということを思い知らされたのがこのときだったからです。

現場の作業をする職人さんたちは、比較的、無口な方が多いので、お客様とのやりとりは現場監督である僕が間に入ることになります。お客様からの要望や質問への答えを、職人さんから聞いてきてわかりやすく伝える。

その繰り返しを重ねるうちに、だんだん親しくなり、休憩時間には雑談を楽しむようなことも増えていきます。そうすると、今度は、その雑談の中で新たなリフォームの相談を受けるということがありました。

でも、そんなとき、当時の僕は内心では「めんどくさいなあ」と思ったものです。また仕事が増えちゃうな、という感覚が先に立ってしまう。

その頃は、だから、営業という仕事がすべての仕事の土台であるという認識はなくて、自分ではない別の誰かの担当だとしか考えられなかったのです。

そんな僕の気持ちを少しずつでも変えてくれたのは、やはり、願いがかなったときのお客様の喜ぶ姿だったのだと思います。「こんなふうだったらいいな」「こういうものが欲しいな」という期待をかなえていくというのは、ほんとうに嬉しいことです。

それができるのが、まさに「営業」という仕事なんだ！と、あるとき気づきました。

営業というのは、こちらが売りたいものを売る仕事ではなくて、お客様が抱えている不満を解消したり、憧れている夢を実現したりしていくことなんだと知りました。そうなると、俄然、営業という仕事が面白くなり、やる気が出ます。どんどん楽しくなって、どんどん好きになりました。

そのときから、僕の、今（＝つまり、起業家として3社を経営している現在）に至るストーリーが本格的に始まりました。

今、僕は**「すべての仕事の基本は営業だ」**と大きな声で叫びたいくらいです。いや、実際に、一緒に仕事をしている仲間や、僕のセミナーを聞きにきてくれる人たちに、ちょっとうっとうしいくらいに何度も繰り返して伝えています。本書でも、これまでの日々の中で見つけた僕なりの営業論、営業スタイル、そして営業という仕事への大きな愛をみなさんと共有したいと思います。

CARNIVOROUS

僕の営業スタイルは、断然「肉食系」！ さてあなたは？

ところで、「肉食系（または肉食）」「草食系（または草食）」という言葉が人間のタイプを表すようになったのはいつごろからでしょうか。

ウィキペディアで調べてみると、「草食系」という言葉が最初にメディアで使用されたのは２００６年、「肉食系」はその対義語として作られたようです。使われ出したころも現在でも、この言葉は主に恋愛に対する態度を表すものとして利用されているようですが、僕は意味を拡大して、この本では「肉食営業」なる言葉をみなさんの頭の中にインプットしていきたいと思っています。

「肉食営業ってなんだ?」

「そもそも、営業マン（もちろんウーマンも含む）ってみんな肉食なんじゃないの?」

そんな疑問を持つ方も多いと思います。だけど、それは違います。僕の感覚では、営業マンのうちで僕が言う意味での「ホンモノの肉食系」の人はおそらく10%にも満たないのではないでしょうか。

じゃあ、ホンモノって何？　どういう人のこと？

それを語る前に、そもそもの「肉食系（または肉食）」「草食系（または草食）」が表すイメージを確認しておきましょう。そして、あなたがどちらのタイプなのかも。

簡単な質問でどちらのタイプかを診断するテストを見つけました。そこにはこんな問題が載っています。順に見てみましょう。

Q1　パーティやお祭りごとが、

A　大好き

B　苦手

Q2　買い物をするときは、

A　時間をかけて考えてから買うことが多い

B　その場で決めて買うことが多い

Q3　恋をしていない期間は、

A　物足りない気分

B　特に何も感じない

Q4　気になる異性がいたら、

A　自然と仲良くなるのを待つ

B　自分から声をかける

Q5　椅子に座っているとき、

A　足をよく組む

B　足を組むことは少ない

Q6　ちょっと疲れているときに遊びに誘われたら、

A　無理をしてでも出かける

B　出かけない

Q7　恋愛に大切なのは、

A　お互いの理解

B　情熱

Q8　好きな食べ物は、

A　真っ先に食べる

B　最後に食べる

Q9　からだを動かすのは、

A　好き

B　嫌い

Q10　自分の意見をはっきり言うほうだ。

A　イエス

B　ノー

順に答えていくと、結果が出るというタイプの診断テストです（インターネットで調べれば似たようなものがたくさん見つけられますので、興味のある人は探してやってみてください）。

ここには10の質問がありますが、僕なら1つの質問で充分判断できます。それは、こういう質問です。

Q　あなたが大好きな人（女優・俳優さんでもタレントでも。ちなみに僕はちょっと前まで北川景子さんでした！）を思い浮かべてください。

A　彼女（彼）に対して既に何らかのアプローチをした

B　今はまだ、何も行動を起こしていない

先ほどの10の質問でいうなら、Q4が近いですね。この質問だけで、ホンモノの肉食なのか草食なのかが明らかになります。Aを選んだ人はホンモノの肉食、Bはエセ肉食も含む草食です。

テレビで好みの女優さんなどを見て、「いいなぁ。こんな人が僕の恋人になってくれたらいいのになあ」と思いながらも、特に何も行動を起こしていない人は、他のどんな点で肉食っぽい行動をしていたとしても、「草食」です。行動しない人にはどんな結果ももたらされない。ただ憧れて「……だったらいいのになあ」と言っているだけでは、何も変わりません。

「いやいや、何をしたって、無理に決まってるじゃん！」

そんな声も聞こえてきそうですが、それって本当にそうですか？　絶対ですか？　本当の本当に？　その「絶対ムリ」というのは、何を根拠にしているんですか？　だって、何も行動していないのに。自分の頭の中だけで勝手にあきらめるという結論を出しているだけですよね。

北川景子さんの例でいうと、世の中に彼女のことを好きな男性はきっと何万人もいたと思いますが、その中で、ＤＡＩＧＯさんだけが自分で勝手にあきらめたりせずに、「まずは精一杯やってみるか！」と果敢に行動をしたのだと思います。

だからこそ、彼女の心をつかみ、結婚という素敵な結果を得ることができたのです。ＤＡＩＧＯさんは、まぎれもなく完全なる肉食系。だからこそ、大きな成功を手にしているのです。

この本は、恋愛指南の本ではありませんが（笑）、僕が言いたいのは、営業も同じだよ、ということです。**営業も「肉食系」で行こう。それが大きな成功を手にするための必要条件です。**そして、大事なことは、**誰だってホンモノの「肉食系」になれる**ということです。

本書を読み終わる頃には、読者のみなさんが「よーし！　肉食系で行くぞ！」と思ってくださるように、肉食営業の神髄をじっくりと伝えていきたいと思います。

第一章 営業ってどんな仕事？

第二章

「教えて！青木さん」営業マン一年生の悩み解決Q&A

第三章

「教えて！青木さん」～ステップアップ！

「できる」営業マンへのQ&A

第四章

「肉食営業」のススメ

第五章

社長になるために必要なことはすべて「営業」から学んだ

プロデュース　水野俊哉
カバー・本文デザイン　鈴木大輔、江﨑輝海（ソウルデザイン）
編集　白鳥美子、加藤有香
編集協力・ＤＴＰ　山本和之
校正　平原琢也

第一章

営業ってどんな仕事？

CARNIVOROUS

「声」だけで営業するテレアポに大苦戦した日々

今でも「テレアポ」という言葉は残っているんでしょうか。

僕が「営業」を仕事として本格的にやりだしたころは、まだまだ「テレアポ」と呼ばれる電話営業が営業の世界の主流でした。

電話営業と対面営業の大きな違いはわかりますか。そう、電話の場合は「声」だけでしか相手とつながれない。「はじめまして」「こんにちは」という声かけからその先の話に入っていくわけですが、話している僕の姿は相手には見えないし、いい顔をつくってニッコリ笑っても気づいてもらえません。

日常生活の中で初対面の人と出会ったときには、誰もが無意識に相手の姿を「見て」います。年齢や服装の好み、顔や髪型、太っているのか痩せているのか、背は高いのか低いのか……などの視覚情報によって、「気が合いそう」とか「好き（あるいは嫌い）」とか、「信用できそう（できなそう）」なんてことを直感的に判断して（そして、相手からは判断されて）います。

だから、相手に気に入ってもらいたいなと思ったら、身だしなみや髪型を整えて、たとえば相手が女性なら紳士っぽくふるまって「お先にどうぞ（ニコッ）」なんてことができます。そういう点で、対面というのは仲良くなったり、ほんの少しではあっても好意をもってもらったりというのが比較的簡単です。

ところが声だけの電話の場合は、まず、外見や表情が伝わらない。視覚情報がまったくないわけですから、相手にとっては「見知らぬ人」です。

誰だってよく知らない人には不信感を抱いてしまうので、そんな相手と必要以上に話したくないに決まっています。電話営業で営業マンが必ず一度は洗礼を受ける「ガチャ切り」は、この「不信感」が原因です（だから、個人の問題に帰するものではないのでガチャ切りされたって全く気にしないでいいよ！というのが今では僕の持論のひとつです）。

そんなわけで、僕の「テレアポ」の初期の成績は、結構惨憺たるものでした。冷や汗の日々と言ってもいいかもしれない。とにかく毎日、壁にぶち当たっているような気がしていたものです。

というのも、たとえば「ガチャ切り」はまぬがれたとしても、その先に待っているのが「こちらにも相手の顔が見えない」という、まあ当たり前のことなんですが、その不気味さです。

お客様は、こちらの話に一応、相槌は打ってくれます。

「うん」

「はいはい」

「へー」

などの返事はあります。

でも、その返事が果たしてどのレベルなのかが、声だけではなかなか判断できません。面倒だから相槌だけ打っておこう、というレベルなのか、興味を持ってくれているのか。納得レベルが5段階あったとして、1なのか3なのか5なのか、まったく分かりません。分からないままに営業トークを重ねて、結局話がまとまらないという経験を何度も重ねました。

結果として、まったく成約率が上がらない。つまり、ダメダメの営業マンというわけです。

今思えば、当時の僕の「営業」は、真の営業ではなかったと気づきます。ただ、単に業務をこなしているだけ。工場に来てラインに入って、流れ作業の中の一つをただこなしているだけだったのだと思います。

そんなのは、営業マンじゃなくて、作業マンです。

その頃はいつもこんなことを思っていました。

「どうしてお客さんは、僕の話を聞いてくれないんだろう？」

「どれだけ話しても、お客さんが僕の話に興味を持ってくれないのはなぜ？」

こんなにがんばっているのに、こんなに準備もしっかりして下勉強もやって商品の説明をしているのに、どうしてわかってくれないんだ？　そんな不満が大きくなるばかりでした。

CARNIVOROUS

やっと気づいた！　営業マンの基本の「キ」

営業マンになってテレアポを始めた最初の頃、全然うまくいかなくて成績が上がらなくて悩みに悩んだのは、今思えば当然だったと思います。はじめてバットとグローブを渡されていきなり試合に出ろ！みたいなものですから、うまくいくはずありません。当時の僕には監督もコーチも頼りになる先輩もいなかったので、とにかくやみくもに球を打ったり投げたりしてみるしかなかったわけです。

ただ、そんな日々も無駄ではなかった。数で言えば、１００球くらいが目安でしょうか。必死で無我夢中でバットを振り、球を投げ続けているうちに、僕の中に自然と「土台」ができていたようなんです。野球で言うなら、基礎フォームとでもいうのでしょうか。その土台、ベースになる部分ができた時に、ふと気づいたんです。

それは、

「営業というのは相手があってこそのものなので、自分のことだけを考えている限りはうまくはいかない」

ということです。

キャッチャーに向けて投げないと、ボールは受けてもらえない。ストライクゾーンに入っていない球はバッターに見向きもされない、ということです。

これは営業電話の場合なら、どういうことか？

たとえば、ある商品を販売したいと思っているとき、

「どういう風に説明したらいいのか？」

「こう聞かれたらこう答えよう」

というマニュアルを自分で作ることがあります。その際に、自分の中でだけ完結してしまうのでは意味がない。自分の言いたいことだけを上手に一から十まで言えたとしても、それは相手には届かない、ということです。

常に、考えるべきは相手（＝お客様）の存在。相手（＝お客様）の気持ち。心の動き。目の前にお客様をイメージして、

「どうやったら、この人に伝わるかなあ」

「どうやったら、興味を持って聞いてもらえるかな」

と考える姿勢が営業には絶対に必要なのです。

僕はこれを「どうやったらこの人」思考と呼んでいます。

これが自然と頭に浮かんでくるようになると、営業マンとしての階段を一つ上がることができます。つまり、お客様の声を聞けるようになるのです。

それまでは、自分側の作業のことだけを考えていました。自分がどう言ったか、自分はどうしゃべるべきか、自分はどう伝えたのか……。これって、一見は真面目な営業マンの仕事ぶりに思えるかもしれませんが、実は的を外しています。

それよりかは、お客様の「うん」とか「はい」の声にしっかり耳と心を傾ける。ひとことの相槌に込められたお客様の気持ちを読み取ることの方がずっと大事なのです。

しっかり聞くようになると、短い相槌に込められた気持ちがなんとなくわかるようになりました。そこで、「ちょっと違うな」という気持ちが見えたら、言い方を変えてみる。「納得してもらってないな」と感じたら、別の具体例を挙げてみる。お客様が話についてきていないなと思った場合は結論を急がず、まずは笑ってもらうことを優先する。「今の話の中で何か質問はありますか？」そんな問いかけを入れてみることも有効です。

営業はどちらかが勝ち、どちらかが負けるという勝負事ではありません。営業マンとお客様は、互いに競い合うライバルではなくて二人三脚で一緒にゴールを目指す存在です。そのことを本当の意味でしっかり理解できた（＝つまり腑に落ちた！）ときから、いろんな〝不思議〟が起こり始めました。

CARNIVOROUS

「まるで占い師みたい」と驚かれた不思議体験

ある日のことです。

テレアポの相手は40歳くらいの主婦の方でした。二人三脚のイメージを描くようになってからは、ガチャ切りされることも少なくなって、お客様と話が弾むことが増えました。このときもずいぶん話が盛り上がって、「どのあたりにお住まいなんですか？」という個人情報に触れるようなことにまで話題が広がったのですが、そのときの答えが「○○です」だったのです。

○○といえば、僕が以前勤めていた建築会社時代に現場担当として何度も訪れたことのある場所でした。

「僕、そこ知ってますよ！」

と、またそれをネタに、楽しく話が続きます。

そうして話しているうちに、この女性の「声質」や「話すスピード」、そして「話し方」からリアルなイメージがポン！と浮かんできたのです。こういう声や話し方の特徴を持っている人は、仕事ができる人だ。ということは……と、こんな質問をしてみました。

「〇〇さん、これまでに、職場でこんなことありませんでしたか？　職場のスタッフと一緒に同じ作業をやっているときに、隣の人を見て『この人、どうしてこんなに効率悪いのかな？』って思ったことありませんか？」

そう言ったら、電話の向こうで「すごくある！」と驚いた声が返ってきました。

「そうでしょう。〇〇さんの声を聞くと、そういう状況が見えました」と答えたら、占い師みたいですねなんて、また驚かれておおいに感心されました。

大当たり！だったんです。

それ以来、僕は電話での第一声を聞いただけで「この人はこんな感じの人だな」というのがわかるようになりました。嘘みたいと思われるかもしれませんが、本当のことです。

「昔、こういうことがあったでしょ」
「こんな性格だって人に言われませんか？」
「仕事、すごく頑張ってやるタイプでしょう」

伝えるイメージがいつもちゃんと正解で、そのたびに相手にびっくりされるようになりました。こうなってくると、電話をかけるのが、楽しくてたまりません。次はどんな人に出会えるのか？と考えると、電話をかける前からワクワクが止まらない。

それまでのように「営業をやらされている」「電話を○件かけないといけない」という義務感は消えて、楽しくて仕方なくなっていきました。

「今日はどんな話ができるかな」
「お客様と、どんな話で笑い合えるかな」

プラスのイメージばかりが湧いてくるようになると結果もついてくるもので、営業成績がぐんぐん伸びていき、何もかもがよい方向に進み始めたことを実感できるようになりました。

CARNIVOROUS

「ノウハウ」で営業はできない

営業マンとしての階段を上り始めると、一段上がるごとに、また別の景色が見えてきます。

最初は「ガチャ切り」されないだけで喜び、次に、少し会話ができたことで自信がついて、だんだん話題も豊富になり相手とのコミュニケーションもうまくいくようになります。一緒に笑い合えて、「青木さんの声を聞くと元気が出ます！」なんて言ってもらえることが増えると、次第に、僕が売りたい商品に興味を持ってもらえるようになっていきます。話を聞いてもらえるステージまで、ようやくたどり着いたわけです。

でも、ここからはまた別のステップ。その商品を買いたいと思ってもらうためにはさらなる営業力が必要になります。

そんなとき、つい頼りたくなるのが『営業の極意』のようなタイトルの本です。営業に関するノウハウ本はこれまでにたくさん出ています。本屋さんで、自分に合いそうなものを選んで読んでみるのもいいでしょう。

当然、本に書かれているのは、営業マンのやる気をアップさせてくれる内容です。僕なんかも結構単純なところがあるので、その手の本を読んだときには「よっしゃー！　やるぞ！」なんて盛り上がります。

ただ、その勢いで本に書かれたことを実行して100人に営業をしても、たぶん、あんまり成果は出ません。というのは、**100人のお客様がいたら、100通りの接し方が必要**だからです。ひとつのティピカルな方法論が通じるのは、100人のうちの多くて10人まで。残りの90人にはまったく通じないと思います。そこが、ノウハウ本の限界です。

そんなこと言ってるけど、この本だって営業本でしょう？と思われるかもしれませんが、だから僕は、この本では常に「本質はどこにあるか？」を意識して語っていくと決めています。具体的なノウハウに言及することもあるけれど、その奥にある本質の部分をちゃんと読者のみなさんに伝えたいと思います。

僕のモチベーションが〝絶対に〟下がらない理由

僕のところには、若い人たちからの仕事の相談がよく入ります。人の悩み事というのはさまざまな要素が絡んでいることなので、もちろんひとまとめにして語るなんていう乱暴なことはできないのですが、それでもたくさんの相談事を聞いていると、共通項が浮き彫りになります。

この本では主に営業について語りたいので、営業という仕事をしている人たちの悩みにフォーカスしてみると、共通しているのは「営業がもうイヤになった」「なんだかやる気がしない」というモチベーションの低下を嘆くものです。

「どうしてそう思うの？」

と聞くと、

「断られると、それまでの努力が無駄になるから落ち込んでしまう」

「迷惑そうな声を聞くのが怖い」

「どうせダメなんじゃないかと思うと何をやるにも億劫で……」

などという答えが返ってきます。

そして、口をそろえたようにこう聞くのです。

「青木さん、モチベーションってどうやったらキープできるんですか?」

そういうとき僕はいつも、ちょっと驚いてこう聞き返します。

「モチベーションが下がるって経験、僕にはないんだけど、それってどんな感じなの?」

相談者からは「ええっ、マジですか?」なんて呆れたような顔をされてしまうのだけど、本当に、今までモチベーションが上がったり下がったりしたという感覚はありません。ずっと、高値安定という感じ。いつでもやる気は衰えない。

これはきっと、僕自身の性格に由来するところが大きいとは思います。自分自身に対する成長意欲が強くて、常に何か新しいことをやりたくて仕方がない。どんなことも自分で体験してみたいし、難しそうなことでもとりあえずはチャレンジしてみたい。

たとえば、本書を執筆中に結構忙しいスケジュールの合間を縫ってタイに4日間という強行スケジュールで行ってきました。その理由は「タイに行ったことがないから、行ってみたい」、ただそれだけ。普通、旅行でタイに行く人は、「タイにはこういう食べ物があるから食べてみたい」とか「こういう景色が楽しめるらしい」というような目的があると思うのですが、僕の場合はそのずっと手前にいる感じ。

「まず、行ってみよう」

実際に行ってみたら何か起こるんじゃないかというワクワク感だけが行動の源です。

だから、行ってみてがっかりするということがない。目的をもって行った人は、たとえば料理が口に合わなかったりしたら「思ってたよりおいしくないな」と感じたり、景色も「期待していたほどじゃなかったな」なんて思ったりするかもしれません。でも、僕にはそれはない。何が起こっても「おおーっ」って喜んじゃうんです（良いことじゃなくても「うわっ。そう来たか～」「これが、タイなのか～」なんてね）。

結局、一事が万事で、仕事にも僕はこの感覚で取り組んでいるのだと思います。「やったことないからやってみたい精神」です。

たとえばテレアポの場合なら、リストに上がっている人たちはまだみんな「話したことがない」人たちなので、「話したことないから話してみたい」と思うとワクワクするというわけです。だから、モチベーション（ここでは「やる気」と翻訳）がまったく下がらない。新しい経験はいつも楽しみであり、かつ自分自身の成長につながる——そう確信しているからです。

CARNIVOROUS

「相手」がいるから営業ができる

自信をなくしている営業マンの中には、「僕、なんだか、対人恐怖症みたいです」なんてことを言い出す人もいるのですが、それは、その人が営業の本質である「お客様と一緒にゴール」というイメージを理解できていないからです。お客様を、倒すべき敵くらいに思っている。倒す、というのが大げさなら、説得すべきとでも言いましょうか。とにかく、「説得する側」と「説得される側」という役割を振って、その間に大きな壁をつくってしまっているのです。

営業の現場には営業マンである自分以外に、最低でも1人の人が存在します。合わせて2人（以上）になったとき、営業が始まります。その「1人」と「2人」の違いというのをまずは改めて認識してもらいたいのです。

その違いとは？

「1人」の場合なら、自分のことだけを考えていればOKです。自分で考えて、自分のやりやすいように行動して、自分が好きなものを選ぶ。「自分はこれがいいと思う」ということを忠実に行えばいいわけです。

仕事を離れて考えるとイメージが湧きやすいと思います。たとえば、外食で何を食べるのか。旅先でどこを観光するのか。1人なら、すべて自分で決められます。

でも、「2人」になると、そういうわけにはいきません。

相手がいる場合は、その人が何を望んでいるのか、何を考えているのか、今何を必要としているのかを考えなければなりません。まさに「相手の立場に立って考える」実践が求められます。営業という仕事は、こちら側に属するものです。

ただし、「2人」は、壁を挟んで向き合っているのではありません（ここが大事！）。イメージとしては、並んで、壁に向き合っています。その「壁」は、いま、お客様が乗り越えたいと思っている壁です。何かを不満に思っていたり、不便さを我慢していたり、あるいは「こうなりたい」という希望をかなえるために越えなければいけないハードル。そういうものに、2人で向き合って「どうやってこれを乗り越えていこうか」と協力し合うイメージです。

並んでいるイメージをいつも持つことができれば、自分だけが一方的に主張したり押し付けたりということは自然とできなくなります。

それよりも、

「あなたはどうしたい？」

「今、困っていることはない？」

という気持ちが生じて、**相手から具体的な要望や悩みや希望を聞き出したくなるはずです。できる限り正確に知りたい**、という思いが丁寧なヒアリングにつながります。

これが、まさに、僕の言うところの「営業」なのです。

今、営業が辛いなあと感じていて、なんだか行き詰まってしまった人は、一度、この「相手のことを隣において考える」というのをやってみてください。そうすれば、次にどうすればいいかがきっとクリアに見えてきます。行動の質が、変わります。何をしたらいいのか悩むことがなくなって、次から次へとアイデアも湧き出すはずです。

僕は最近、もっと文章を上達させたくて、プロのコピーライターの方から文章の書き方を教わっているのですが、その基本の考え方も僕の営業論と同じでした。

つまり、受け手側のことを考えて文章を書く。どう書けば、読んでもらえるのか。どんな言葉なら相手に伝わるのか。自分が書きたいように書くというのは、個人の日記なら好きにすればいいけれど、読者が一人でもいる場合にはNGです。**いつでも「相手」の存在を考える。これは、営業だけにかかわらず、すべての仕事において大切**なことです。

CARNIVOROUS

営業は売ってからがスタート

営業の本当の楽しさも難しさも、実は「売れた！」という喜びの後にあります。

これから営業の仕事を始める方はもちろん、いま、営業の仕事をしているという人も改めて、この営業の基本精神を自身の心の中にしっかり定着させてください。

営業マンの業務の流れを最初から見てみると、こんな感じになるかと思います。

会社から、販売する商品を指定され、いつまでにいくらの売り上げを上げるという目標を設定された。

↓

商品知識の勉強。セールストークの練習

↓

顧客リスト作成

営業活動スタート（電話・ＤＭ・宅訪など）

↓

見込み客ができた！

↓

条件交渉などをしながら詰める

↓

成約！（契約書締結）

↓

会社への入金

成約した時点で、上司や同僚などから「よくやった！」とほめてもらい、会社への入金が確認されるとあなたの営業活動の確かな実績として記録されることになります。

たいていの営業マンは、この時点でほっとして、「終わったー！」という気持ちになりがちです。もうその顧客は、済んだ人。リストから消すのと同時に心の中からも存在をなくして、次の新たなるターゲットのことで頭がいっぱいになってしまう。

もちろん、新規顧客のことを考えるのは大切なことです。いつでも「はい、次！」と考える姿勢は営業マンとして活動するうえでは必須のものです。ただ、**自分から商品を買ってくれた人のことを心のリストから「消して」しまってはいけません。**一度でも自分から物を買ってくださった方は、永遠にあなたの「お客様」であることを忘れないようにしましょう。

自分のタイプを調べてみよう！

最近、僕自身がやってみて、自分自身の営業スタイルや働き方を考える上で、とても参考になった「4つのタイプから自分のタイプを知る」という経験を読者のみなさんとも共有したいと思います。これは僕が受けているコーチングのレッスンの中で、脳科学研究者の方から教えてもらったものです。

人間には、次の4つのタイプがあるそうです。

①アナリティカル
②ドライバー
③エミアブル
④エクスプレッシブ

それぞれの特徴を簡単に説明すると次の通りです。

①アナリティカル　思考派。論理的で堅実。「石橋を叩いて渡る」タイプ。
②ドライバー　行動派。責任感が強くて目標に向かってまっしぐらに進むタイプ。
③エミアブル　協調派。落ち着いていて和やか。みんなで一緒にが、大好きなタイプ。
④エクスプレッシブ　感覚派。カンを頼りに、思いついたらすぐにやっちゃうイケイケどんどんタイプ。

自分がどのタイプかの診断は、インターネットで「ソーシャルスタイル診断」を検索するとテスト画面が見つかります。

僕は、ドライバーが強いという結果が出ました。行動タイプ、いわゆるプレイヤー気質です。トップ営業マンにはこのタイプが多いと聞いておおいに意を強くしましたが、それは僕自身の感覚でも納得のいくことです。

営業って、行動することだと思うから。何はさておき、一に行動、二に行動、三、四も、もちろん五も行動！です。失敗してもどんどん次の行動を起こしていく。
もともとそういうタイプだったから、営業で成績を上げることができたのか、あるいは営業マンという仕事に就いたから、そういうタイプに育ったのか？　ニワトリとたまごみたいでどちらが先かはわかりませんが、たぶん、これは両方向に影響し合っているというのが正解なのだと思います。

たとえばドライバーの僕が、じゃあ、工場の工場長だった場合、100人の作業スタッフをマネジメントできるのか？　タイプとしては、そっち向きじゃないからどうなんだろう？　実際にやったことがないから、理論上は「うまくできない」ような気になってしまいます。同様に、ドライバー以外の人たちが営業マンになった場合も、じゃあ、うまくできないのか？　もともと持っているタイプで営業ができないとかマネジメントができないとかっていうことが起こるとしたら、それはなんだかちょっとさびしい気がしますよね。

～人間の4つのタイプ診断～

あなたはどのタイプ?

アナリティカル 指導者 or 知ったかぶり 理論派 研究肌・官僚 観察志向	**ドライバー** 支配者 or 他人の悪口屋 行動派 職人気質 ビジネス志向
エミアブル 人間の達人 or 怠け者 協調派 おとうちゃん・親分 温順志向	**エクスプレッシブ** 尊敬される者 or 泣き虫 直感派 大阪商人 開放志向

僕は、そうじゃないと思います。実際、環境から影響を受けて、タイプというのはある程度柔軟に変わることができるものだと言われています。営業マンの中に入ったら営業マンらしくなるし、マネジメントの立場に立てば、それにふさわしい能力や性質がちゃんと育ってくれるはずです。そしてもちろん、この本で僕が勧めている「肉食営業」は、どのタイプの人にも可能です。

ただ、今の自分のタイプは何か？　どういう分野に強いのか？　現時点での自分自身の強みと弱みを自覚するためにも知っておいて損はないと思います。

そして、**人にはそれぞれタイプがあると知っておくことで、「相手がどのタイプか」を予測して、仕事の進め方を相手に合わせてカスタマイズすることができるようにもなります。**知るのと知らないのとでは大違い！です。ぜひ、お試しを。

第二章

「教えて！青木さん」営業マン一年生の悩み解決Q&A

この章では、初めて営業の仕事についた人が初期段階で感じる疑問や悩みの解決を目指します。

「今日から君には営業の仕事をしてもらうよ」

「入社したら、最初は営業部に配属になるからね」

そう言われて、すんなりと「やったー！」と思う人は少ないでしょう。どちらかというと「うわっ、困ったな」という反応になるのではないでしょうか。

というのは、まず、新卒の方の場合は、もちろんこれまでの人生で「営業」をやった経験はない。学生時代のアルバイトで、本格的な営業の仕事をまかされるということはあまりありませんからね。だから、営業という仕事の本質を知らない。知らないことに不安を感じるのは、当たり前のことです。

さらに、営業というのはなんとなく「しんどい」「大変」「ブラック」なイメージがあります。「ノルマに追われて……」なんていう言葉が頭に浮かんだりもします。

でも、大丈夫。営業は怖くない。きちんと本質を理解して臨めば、とても楽しいものです。さあ、一つずつ、悩みを解決していきましょう。

Q1

営業をはじめるにあたって、どんな勉強をしておけばいいですか？

営業をするための勉強をしてみたいと考えたときに誰もが最初に思いつくのは、インターネットで情報を調べたり本を買って読んでみたりすることではないでしょうか（この本の存在意義もそこにあります）。

僕自身も、実際、初めて営業の仕事をすることが決まったときには、ものすごい量の情報にあたりました。営業マンとしての礼儀、正しい受け答え、トーク術、自己紹介のコツなど様々な項目ごとにいろいろな人たちがいろいろなことを言っているので、その情報量は膨大なものです。

そんな経験を通り過ぎてきた今、僕がみなさんに最初に勉強してもらいたいと思うのはたった一つです。それは、**日本語の勉強と一般的な対人マナー**です。

え？　今さらそんなこと？と思うかもしれませんが、「間違った日本語」を使っている人が社会人の中にも本当に驚くほどたくさんいます。日本で生まれ育った人たちは、日本語については普通に努力なしに当たり前のように話せるので、これまでは「正しく話すこと」をほとんど意識してこなかったせいでしょうか。

たとえば、「とんでもございません」という言葉。

営業先でお客様から「ほう、君は若いのにしっかりしてるね」なんてほめていただいて、謙遜するつもりでつい言ってしまう。

「とんでもございません！」

その瞬間、おそらく相手の頭の中には「あ、こいつ、ちゃんとした日本語を話せない奴なんだ」とインプットされてしまうでしょう。特に相手の年齢が40代以上なら、日本語の言葉遣いに対しては相当厳しい規準を持っていると知っておくべきです。

営業は「話す」ことが仕事のメインなので、その基本である日本語が危ういと、絶対うまくいきません。「こんな正しい日本語も話せないような人間から、いくら勧められてもなあ……」と思われてしまいます。

入社前後に、会社で「言葉遣い」の研修を行ってくれるところも多いと思います。その場合は、積極的に受けてしっかり身につけてください。会社がそこまでは用意してくれないなら、ネットで「日本語　研修　セミナー」を検索すればたくさんの情報が出てきます。

アナウンサーやCAの方が講師を務めている単発や短期の講座もたくさんありますし、それなら費用もそんなにかかりません。自腹を切ってでも行くことを強くおすすめします。**正しい言葉遣いはいったん身につけておけば、一生の財産になります。**とてもリターンの大きい自己投資です。

一般的な対人マナーも、たいていは言葉遣いとセットで教えてもらえます。名刺の渡し方や受け方、部屋での上座や下座の位置、相手の呼び方や自社の上司をどう呼ぶかなどの基本的なマナーは最初の段階でしっかりと身につけておきましょう。

あ、念のために一応お伝えしておきますが、先ほど例として挙げたケースですが、「とんでもございません！」じゃなくて、正しくは「とんでもないことでございます」です。

でも、先方からほめていただいたときは妙な遠慮はせずに、素直に「ありがとうございます！」と嬉しそうに受けるのが、お互いに気持ちいいと思いますよ。

Q2

営業先リストを作る際のポイントを教えてください

営業先リストは、まずは会社にある過去の資料などを確認してください。通常は、会社の方で「営業先リスト」を作成して、各営業担当者の分担を決めているはずです。これまでの過去の取引先や、見込み客リストなどをもとに、今後の営業戦略としてどの会社もリストを作っていると思います。まずは、これがベースになります。

ただ、ここからは僕の個人的成功体験からのアドバイスです。会社からリストを渡された場合、気をつけてもらいたいことが2つあります。

まずは1つ目の注意点。

前任者から引き継いだ「見込み客リスト」に、ランク付けがしてある場合があります。成約可能性の見込み度合いをABCであるとか、数字だとかで表したものです。これが、数字的な根拠（たとえば売り上げ規模や従業員数など）に基づくもので、営業上必要な情報のもとになされているのならいいのですが、前任者による個人的評価である場合はそのままうのみにしてはいけない。というよりも、それは「無視」したほうがいい。変な先入観を持ってしまうことになるから、できることなら見ないようにしてほしいくらいです。

なぜなら、**前任者など他者のつけた評価は、その人の営業方法や営業力の結果であって、あなた自身の営業には何の関係もない**からです。

これは、日常生活の中で起こる例で考えると分かりやすいかもしれません。

たとえば高校生時代。友人のA君が「隣のクラスのR子ちゃんのことが大好きで告白したけどあっさりフラれちゃったよ。あいつは、男に興味ないのかな」なんてぼやいていたとしても、それはA君がR子の好みじゃなかっただけで、他の男の子ならOKしていたかもしれませんよね。

営業の場面でも、これと同じようなことは多々あると思います。

さらに、時期による反応の違いもあるでしょう。冷たい反応をされたとしても、もしかしたら、そのときはたまたま虫の居所が悪かったり、体調が悪くて機嫌が悪かったりしただけかもしれません。なのに、「全然興味がないのかな」とあきらめてしまうのはもったいないことです。

実際、僕も営業マン時代に何度もこういう経験をしています。前任者が「難攻不落だ」とぼやいていたお客様から成約を取れたときの嬉しさ、なかなか気持ちいいものですよ。

もう一つは、これはちょっと驚かれるかもしれないのですが、実は**「会社から与えられたリストはほとんど役に立たない」**ということです。

思い切って言ってしまうと、ゴミみたいなリストも多いんです。というのは、結局、**既存のリストというのは誰かの「想定内」でしかない**からです。

例を挙げます。

あなたがとあるメーカーで空気清浄機の販売をしている営業マンだとします。会社からもらったリストには、都内の焼肉屋・焼き鳥屋の名前がずらりと並んでいます。なるほど、確かに煙などで空気が汚れそうだから需要はありそうです。ただ、空気清浄機を販売しているメーカーは、パッと思いつくだけでも東芝、パナソニック、シャープ……とたくさんありますよね。ということは、それらのメーカーの営業部でも同じようなリストをつくってこれまでも営業をしてきているはずです。

つまり、営業される側の立場で考えると「また来た」「もういい加減にしてくれ」となっている可能性が非常に高いと思いませんか。度重なる営業に対して「なんでウチにばっかり来るんだよ。そんなに空気が汚いとでも言いたいのか！」と、かえって反感をつのらせてしまうかもしれません。

こんなふうに、会社がつくったリストに掲載されている見込み先というのは「うんざりしている」「飽き飽きしている」お客様ばっかりなんてことも多いのです。

そこで、元の質問に再び戻ります。「営業先リストを作るためのポイントを教えてください」への僕の回答は、**会社のリストをもらった上で、それと逆転の発想で自分なりのリストを作れ！**です。

先の空気清浄機の例で言えば、空気のいかにも汚れていそうな店ではなくて、空気がきれいそうなところ、ということになります。

具体的には、フラワーショップ、幼稚園や保育園、病院などがすぐに思い浮かびます。もうすでに対策済みには違いないけど、そういう場所では常に「空気をきれいにしておきたい」という気持ちがあり、のための方法への関心も高いので、新製品の機能や使い勝手、電力消費量の違いなどの説明に耳を傾けてもらえる確率も高いものです。

横並びの営業マンの中で頭角を現すためには、この「逆転の発想」が必要です。これを鍛えるためには、与えられたものに対して常に疑問を持って、自分自身のアタマで考えるという習慣をつけることです。

Q3

電話営業や飛び込み営業、断られ続けの毎日で、続ける気力が湧きません

この「断られることへの嫌悪感」と「それによるやる気の喪失」については、この本の第一章でも触れていますが、改めてもっと詳しくお答えしたいと思います。というのも、やっぱり営業マン一年生にはこの悩みがいちばん多いと思うからです。みなさんが納得して前を向いて進んでいけるようになるまで何度でも繰り返し、声を大にして語り続けたいと思います。

電話営業での「ガチャ切り」は気にするな、と前述しましたが「そうは言われても、やっぱり気分悪いし、落ち込んでしまう」というのもわかります。電話をガチャンと切られるだけならまだしも、「もう二度とかけてくるな!」なんて怒鳴られることもありますし、そういうときには「俺だってかけたくてかけてるわけじゃない!」と心の中で叫んじゃいますよね。こういうことが続くと、次の電話をかけるのが億劫になってしまうのも、さもありなんです。

ただ、ここで思い出してほしいんです。

「電話営業は、そもそも、断られて当然」ということです。だって、見知らぬ人からいきなり電話がかかってきて、その相手がどんな人かもわからないのに、すんなり話を聞いてくれたり、ましてや商品を買ってくれたりなんてことが起こったら、それはある意味「奇跡」です。かえって怖いくらい。「こんなところで、運を使っちゃってもいいのかな」って心配になるレベルの幸運です。飛び込み営業も同様です。

いいですか、もう一度繰り返します。

「電話営業や飛び込み営業は、断られて当然」。それが普通。これを胸に刻んでください。

で、そうなると、こう考える人がいると思うんです。**「じゃあ、なぜ、そんな断られて当然の電話営業や飛び込み営業を会社は自分にさせるのか？」**と。

それは、**そこに成長の種があるから**です。

僕は、**成長は失敗からしか学べない**と思っています。なぜなら、人間という生物は痛みがないと記憶しないという性質を持っているからです。痛み、つまり失敗と引き換えに、よりよく生きていくための大きな学びを得るという構造です。

だから、これからどんどん成長していこうと思うなら、成功よりも失敗から学ぶことがたくさんあります。極端に言えば、新人時代はちっぽけな成功体験なんかよりも、失敗の方がずっと「得」だよ、ということです。むしろ、積極的に失敗しろ！と言いたいくらい。失敗したら「ラッキー！」って思えばいいと思うんです。「やった！　これでまた成長できる」と。

1日で50件に電話をかけて、50件から断られ続けたら落ち込むのじゃなくて「50回分、自分は成長している」と思えばいい。落ち込む必要はまったくありません。

こういうとき、ゲーム感覚を取り入れたらいいと思います。手強い敵と戦ったり、難しい迷路を進んだりするときなど「そろそろ（敵が）来るぞ、来るぞ、……ああ、来たー」「どっかーん」みたいな感じ。そういうときに、いちいち落ち込む人ってあんまりいないでしょう？「よーし、次はがんばるぞ」ってなるはずです。「今回は、ここで失敗したから、次はこの対策を考えて……」っていう気持ちになるでしょう？そして、それなりの準備を整えて再びトライする。そうしたら、さっきよりは先に進める。でもまた新たな敵が現れて、という繰り返しです。

電話営業で言えば「1人目には声を聞いたとたんにガチャ切りされたけど、次は5秒はもったな」なんて。そんなふうにとらえればいいんです。すべての失敗パターンを、次のステップに進むための材料にする。そう考えたら「失敗した、いいじゃん、ラッキー」って考えられるようになります。

こういう失敗経験を重ねると、面白いことに、そのうちに声を聞いただけで相手の反応を予測できるようになります。

「この人はガチャ切りタイプだな」と予測して、それが当たったときはガチャ切りされても「当たった！」と、嬉しくなったりして、「さあ次はどうかな？」と、どんどん面白くなる。

タフな営業マンになるためには最低でも300回は失敗してください。

この300回というのはある根拠があって、僕の取引先の信頼できるベテラン営業マンによると、新規開拓の成功率は0・3％程度だということです。つまり、300件にアプローチして、1件決まるかどうかという確率です。ガチャ切りが299回続いても、落ち込まないで。

どんなに小さな確率だったとしても「0」ではありません。どこかに、きっと、よい出会いが待っています。

Q4

「スランプ」から抜け出せません。助けてください

この質問をくださった方は、いままさに「スランプ」の状態に陥ってしまっているのでしょうね。それなら、僕はあなたにこう声をかけたい。

「じゃあ、これからが楽しみだね！」

はあ？　とにらまないでくださいね。からかっているわけではありません。スランプというのは、まあ言ってみればいわゆる「どん底」ですよね。考えられる限りの最悪というのか、最低というのか……。とにかく、いちばん底にいるという状態です。ということは、**これからは何をやってもこれより下がることはありません。**そして、何かのタイミングでグイッと上がることが期待できます。

だから、「これからが楽しみ」なんです。

ただ、今の状態を楽しめないから相談しているのに、と不満を持たれるかもしれませんので、もう少し具体的なスランプからの脱出方法もお伝えしておきましょう。

それは、**いったん営業の仕事から遠のく**ことです。転職しろとか会社を辞めろとか言っているわけではありません。そんな大きな決断や行動じゃなくて、あまり大きな声では言えませんが「たまにはサボって、別のことをしてみたら？」という提案です。スランプの状態に一度はまってしまうと、何をやってもうまくいかないという負のスパイラルに巻き込まれてしまいます。その中で1日を、そして1週間を過ごすのは誰だって辛いものです。だから、いったん強引にでもその中から外に飛び出してください。

そうすると、視野が広がって、これまでに気付かなかったことが見えてきたり、新しいアイデアが湧いてきたりすることがあります。

もしも野球が好きなら、バッティングセンターに行ってみる。飛んでくるボールをうまく打てなかったときには、

「どうして今の球は打てなかったんだろう？」

と次への対策を考えたり、フォームを変えてみたりなどをしながら次のボールに臨みます。

「次は絶対に打つぞ！」

そう気合を入れてボックスに立ったら、気持ちよく打ててボールが飛んでいった！

そんな瞬間に、ふと気づくことができるのです。

「あ、俺って仕事のときにはこんなに真剣に気合を入れていなかったかも」

「最初からあきらめて、絶対うまくいかないって思いながら営業してたな」

こういう気づきは、固まった小さな世界の底にいるときには絶対に出会えません。

一度その場所を離れてみるということがとても大切です。

何かに行き詰まってしまったときには、この「悩んでいる対象から離れて距離をとり、まったく違う楽しみの時間をつくる」ということを実行してみてください。

Q5

初めて会った人と
どんな話をしたらいいのかわかりません

この悩みも、本当によく聞きます。これは、仕事での営業に限らず、私生活でもそう感じている人は多いのではないでしょうか。そんなニーズがあるからこそ、数年前には「雑談力」というキーワードの本がヒットしたこともありました。みんな、初対面の人との会話の際のネタに困っているということですね。

この悩みは、単純なトレーニングで簡単に解決できます。

どんなトレーニングかというと、1つ目は「相手の良いところを10個見つけて伝え合いましょう」というものです。

初対面ですから、相手の内面についてはわかりません。でも、外見やふるまい、しぐさ、声などの情報はありますよね。その中から、10の「いいね！」を探します。

新人の営業マン同士や友達同士で練習するとお互いの力になるのでお勧めですが、もし気軽に練習相手が見つからない場合は、電車の中で前に立っている人で勝手に練習しちゃいましょう。たとえば、

・素敵なネクタイの柄ですね

・笑うとえくぼができるんですね
・俳優の○○さんに、少し似ていますね
・さわやかな色のシャツですね
・いい声ですね
・靴がちゃんと磨かれてますね
・夏らしい（春らしい、秋らしい、冬っぽい）服装ですね
・髪型、よく似合ってますね
・しぐさに品がありますね
・そのハンカチ、いい柄ですね

なんていうふうに、どんなに小さなことでも構いません。とにかく、良いところを見つけるという習慣をつけることが大切です。

2つ目のトレーニングは「相手と自分の共通点を見つける」ということです。これは、会話をしながら探っていきます。

・出身地は?

・学生の頃の部活は？
・好きな食べ物は？
・最近、どこか旅をした？
・どんな本（マンガ）が好き？
・音楽はどんなのを聴く？

といったことを話題に入れながら、共通点を見つけます。どんな人でもそうなんですが、出身地が同じだったり部活が同じだったりすると話題も広がって、そこでグッと距離が縮まります。この共通点探しは、上司部下の会話や合コンでのアピール（笑）など私生活でも効き目があります。

この2つのトレーニングが意味することは、「相手に本気で興味を持て！」ということです。あなたのことが気になっています、あなたのことを真剣に考えています、あなたと仲良くなりたいです、ということをきちんと全身で伝えるのが大事だということです。

Q6

営業マンとして
相手の印象に残るためには
どんな「個性」が必要ですか？

これは、一対一の場合と、一対多数の場合で対応が変わります。

まず、**自分と相手の一対一の場合。この場合は、少なくとも最初のうちは自分の個性を出そうと考える必要はありません。**

ここまでに何度かお話ししてきたように、個性を出そうという気持ちは「自分が主体」の考え方です。営業は、まず相手のことを考えるのが基本でしたよね。この場合もそれは同じで、出会ってすぐに大切なのは「ヒアリング」であって、こちら側の主張ではありません。

新人営業マンの中には、好かれたいという気持ちが大きくて、つい「僕ってこんなことができる」アピールをしてしまう人がいますが、それはたいていの場合、かえって逆効果です。

それよりも相手の言うことをしっかり丁寧に聞いて、最後の別れ際に、ほんの少しだけ自分のことを話すくらいがいいんです。もし自分のことが話せなくても、それでも大丈夫。お客様は、自分の話を熱心に聞いてくれた営業マンのことを悪く思うことはありません。

「今日は自分の話ばっかり聞いてもらったな。次は、あの人の言うことも聞いてみよう」と思ってくださることでしょう。

次に、**一対多数の場合。この場合は、自己アピールが結構重要になります。**長々と話す必要はなくて、自分がこれだけは絶対に負けないというポイントをきちんと明確にして、シンプルに伝えましょう。多数の中から自分を選んでもらうためのプレゼンテーションなので、嘘やはったりではなくて、本当に自分が自信を持っていることを話してください。

「これまでにこういう経験があって、だからこれだけは誰にも負けません！」というスタイルが伝わりやすいと思います。

たとえばこんな感じ。

「学生時代はずっと応援団にいました。だから最後まであきらめない気持ちと声の大きさでは誰にも負けません！」

これくらいの短いアピールでも、なんとなくどんな人柄なのかが伝わりますよね。

以前、『人は見た目が9割』（竹内一郎・著／新潮新書）という本が大ヒットしたこともあって、見た目で個性を出そうと考える人も多いのですが、新人営業マンでこれをやると、下手すると「下品」な感じになってしまうので要注意です。

オシャレと下品は紙一重だと僕は常々思っています。個性的なオシャレに走るよりは、「清潔、一番！」だと考えてください。あとは、「丁寧」さがあるとさらにいいですね。ハンカチにはちゃんとアイロンがかかっている。カバンをどさっと床に置かない。コーヒーを飲むときにガチャガチャ音を立てない。ドアをバタンと音を立てて閉めない。そういうことも、好印象を与えるための、とても大切なポイントです。

Q7

お客様から「あの営業マンは気に入らない」と言われてしまいました。どうしたらいいでしょうか

お客様との相性問題、これは結構多いですよね。

最初に確認したいのは、単に相性の問題なのか、それとも自分自身の言動に何か問題があったのかということです。なんとなく意味もなく嫌われていると思っていても、実は自分に原因があった！ということが多いものです。

実際、僕も「嫌われた」経験があります。リフォームの施工を行っていた会社での現場監督時代に、あるお客様を怒らせてしまい、徹底的に嫌われて、「担当を代えろ！」と会社に怒鳴り込まれたことがあります。

なぜそんなことになってしまったかというと、お客様からの注文の変更要望があまりに頻繁で、合意していたはずのことにも「イメージが違う」と言ってくる。当時の僕には理不尽なクレームに思えて、あるとき、ついに「じゃあ、どうしたらいいんですか？」って言い返してしまったんです。

これは、今思うと仕事のプロとしては絶対に言ってはいけない言葉です。だって、相手はリフォームについては素人のお客様で、こちらはリフォームのプロ。プロだからこそ、お金をもらって仕事を請け負っているのです。なのに、お客様に答えを求めてしまった。そりゃあ怒られるのも無理はありません。

そのときもすぐに「しまった！」と思ったのですが、結局は僕を飛び越えて上司宛に抗議の電話が入り、ついには社長まで巻き込んでしまうことになりました。当然、その現場から僕は外されて、本当に深く深く反省しました。

それまでは、高卒で働いて、まだ若かったから結構お客様からは可愛がっていただいていたので、調子に乗っていたところもあったのだと今なら分かります。まさか自分が嫌われてしまうとは、というショックはかなり大きかったです。

でも、この体験はとてもいいクスリになりました。このことをきっかけに、大きく変われたという実感があります。**何か深い傷を負うことは、とてもしんどいことではあるけれど、自分の殻を破るための貴重なチャンス**になってくれました。

それ以来、言葉遣いはもちろん、言い方や表情に気をつけるようになりました。また、徹底的にお客様のことを考えるという姿勢も身につけることができました。

質問者の方も、もしかしたら、何かが原因でお客様の気持ちを傷つけてしまったのかもしれません。まずはそれを省みてください。小さなことでも相手の気に障るということはあります。一度、徹底的に自分の立ち居振る舞いや言動を振り返ってみるといいでしょう。周りの同僚や先輩にも聞いてみましょう。「ああ、実はお前、こういう嫌なところがあるよ……」って教えてもらえれば（そのときは結構ショックを受けると思いますが）、長い目で見ればとてもラッキーです。

万が一、本当の本当にあなたには一切原因がなくて、お客様が単なる「わがまま」な場合、これまでにも何人もの営業マンが嫌われて「出入り禁止」になっているような場合は、あっさり離れてしまうのも一案です。誰かにバトンタッチできるのなら、してしまいましょう。

あるいは、「こんなお客様だからこそ、がんばってみる」というチャレンジもありだと思います。クイズなどでも、難問を解けたときのほうが嬉しいでしょう？　あの手この手でがんばって攻略することができれば、一生の大きな自信につながります。

Q8

「とにかく足で稼げ！」という上司。今ってそういう時代じゃないですよね？

最近、タクシーに乗っていてこんなCMムービーが流れているのを見つけました。

肉体派のタレントが出てきて「営業は、とにかく足で稼げ！」なんてことを言いながら足の筋肉を見せるんです。

で、その後で、それを古い方法だと否定する場面になって、結論としては「デスクにいながらパソコンさえあればクラウドサービスで相手とやり取りができますよ」という広告でした。

最近は、もうすっかりこの流れですよね。だから、若い営業マンが年配の上司から「営業は足で稼げ！」なんてことを言われると、内心では「ハア？」と思ってしまうのでしょう。

でも、僕は、上司の言う「足で稼ぐ」を古くさいとバッサリと拒否するのではなくて、ちゃんと理由を聞いてから判断するべきだと思います。

上司が「足で稼げ！」と言ってきたら、適当な返事をして聞き流すのではなくて、「はい！」とまずはしっかりと素直に明るく返事をしたうえで、「どうしてそれが必要なんですか？」と真面目に尋ねてみてください。

ここで、反抗的な発言ととられてしまうとけんか腰になってしまうので、まずは「はい、わかりました！」と答えるのがポイントです。そのあとで、できる限りのキラキラした目で、「教えてください」オーラを出しつつ尋ねることが大切です。

そうすれば、上司は、きちんと自分の経験談を話してくれるはずです。

自分も足で稼ぐなんてウソだと思ってやらない時期があった。でも、思うように成績が上がらなくて、ダメもとで足を使って回りだしたら結果がついてきた。

だから、足で稼ぐというのは、やっぱり効果的なんだよ、とか、足で回れば土地勘も身につくし、町についての知識も深まる。それが自分の幅を広げることにもなって、結局は仕事にもつながるんだよ、というような経験談を聞かせてもらえるでしょう。

とにかく、上司はなにも決まり文句のように「足で稼げ」と言っているわけではなくて、それぞれ何らかの確かな理由があって教えてくれているのだとまずは信じることが大切です。そして、その理由を教えてもらう。それに納得できたら、愚直に実践する。それは必ずあなた自身の成長につながります。

実は**僕も「足で稼ぐ」ことをとても大切だと考えています。**それは、**足で稼ぐというのはつまり、お客様とリアルにつながる**ということだからです。

顔を合わせる、というのは営業においては「超」がつくほど重要です。とにかく顔を出す。お客様から「今は忙しいよ」と追い返されても、「じゃあまた来ます！」と言って、何度も顔を出す。これ、ほんとに、超重要。必ずやるべきです。

もちろん、それなりに工夫はしましょう。毎日同じ時間に顔を出していても、それが忙しい時間だったら会ってもらえません。時間帯を変えてみる、曜日を変えてみる。オフィスをちらっと覗けたら、どれくらいの忙しさなのかがなんとなくつかめます。

それをちゃんとメモしておいて、次はじゃあ、何時頃に行ってみようという作戦を立てる。また様子を見る。

そんなことを繰り返すうちに、先方から「何時頃に来てよ」と言ってもらえるかもしれませんし、いつ行っても忙しそうなら、その忙しさを解決できるようなモノ(手段・システム)を紹介すれば、喜んでもらえるかもしれません。そんなところから、営業をはじめることができます。

もちろん、使えるものは足以外もバンバン使いましょう。

今ならSNSは、やはり強力なツールです。どちらかに偏るのではなくて、役に立ちそうなものは積極的に使ってみればいいだけです。そのうちに、自分にとっての最適なバランスが見えてくるでしょう。

Q9

「お客様のために」と言いつつも、自分の営業成績が気になります。両立って可能ですか?

これは、いい質問ですね。僕の営業スタイルの本質に関わるものです。

答えは、**両立が可能ですか、なんて悩むのじゃなくて「常に両立してください！」です。両立しないと、結局はどちらも幸せになれません。**

空気清浄機のセールスマンの例をここでも使います。

「今月は5台、売って来い！」と上司からノルマが与えられたとします。そうなると、頭の中は、台数のことでいっぱいになり、営業でいちばん大切な「お客様のために」という気持ちがどこかへ飛んでしまいます。これは、でも、よくあることです。ノルマを与えられた営業マンがそういう気持ちになってしまうことを責める気はありません。ノルマは、そりゃあ大事です。出世や給与にも影響するのだから、それをどうでもいいと思うことはできないのは当然です。

だけど、**お客様をノルマの解消手段にしてはいけません。**

じゃあ、どうすればいいのか？――正解は、**自分の願いとお客様の願いを合致させる**ことです。

具体的にいうと、こういうことです。

自分の願いは、空気清浄機を買ってもらうこと。じゃあ、お客様の願いは？　それが、新しい機能の空気清浄機で、これまで以上に空気がきれいになる、音が静か、電気代が安くなる……などのメリットを受け取ってもらうことです。自分が提供する製品で、お客様の生活が今までよりももっと快適になる。そうすれば、自分も（買ってもらえて）幸せ、お客様も（買って）幸せというＷＩＮ－ＷＩＮの状態になります。

営業は常に、この状態を目指さなければなりません。**どっちを優先すべき？と考えている時点で、スタートが間違っています。**

実際に起こりがちなケースで言えば、ノルマ達成まで残り1台、今日は最終日、というような場合に、つい「押し込みたくなる」ことがあります。とにかくあと1

台をなんとしても売りたい！という気持ちが先走って、相手の事情は二の次なんていう精神状態になってしまいます。

でも、そんなときも、「両立できる、両立できる」と念仏のように唱えてください。どうすれば両立になるかを真剣に考えましょう。

営業の仕事ではよくあることですが、月間の数字を作るために、月末になると若干のサービスができることがあります。だとすれば、資金繰りが難しくてあきらめていたお客様に、このタイミングで買ってもらえれば相手にとっても「ＷＩＮ」です。そういうお客様がいなかったかを、考えてみる。今日中に、必ず1台を売りたいという自分の願いと、今日買うことで特別なメリットがついてくるなら嬉しいなというお客様の願いを合致させるという方向に突き進めばいいわけです。

Q10

お客様からの
あまりに理不尽なクレーム！
謝りたくないけど、
どうしたらいいですか？

営業の仕事をしている中で、これは避けられないことです。みんな、少なくとも一度は理不尽なクレームというものに悩まされたことがあるでしょう。まずは、その認識を持ってください。自分だけが不幸にもこんな目に遭っている……とは、思わないように。

理不尽なクレームは、それくらい、ありふれた出来事です。

とはいえ、です。

とはいえ、苦しまないでいられるわけではありません。理不尽なクレームの対象になるというのは、ひどく心を傷つけます。その気持ちも、ちゃんと僕は分かっています。ただ、解決は、**感情には蓋をして、淡々と進めましょう。**その手順をお話しします。

まずは、とことん相手の話を聞きます。途中で遮ってはいけません。最後まで、言いたいことをすべて吐き出してもらいます。途中でこちらが何を言っても、どうせ聞いてはくれませんし、よりいっそう火に油を注ぎかねません。

手順その一は、**「いったん全部吐き出してもらう」**です。

次にやることは、聞いた話をゆっくりと順を追って整理していくことです。「今伺った話を、順に整理させてください。途中で間違っていたら、教えてくださいね」と、丁寧に伝えましょう。

手順のその二は、**「順を追って、確認をいちいちとりながら整理する」**です。

「最初の来店のときに、こういう会話があって、こういう結論になりましたよね。それから2回目のときには、こういう要望をいただいて、こちらはこんなお返事をしました……」というふうに、冷静に振り返っていきます。

そうしているうちに、お客様の方で、「あれ、そうだったかな」とハッとすることがあります。「もしかしたら、ミスや勘違いが自分側にあったかもしれない」と気付く瞬間が（理不尽なクレームの場合には）あるはずです。

そのときに、「ほら見たことか！」的な態度は絶対に見せないように気をつけてくださいね。そんな態度がチラリとでも見えたら、相手のクレームはますますエスカレートしてしまいます。まともな話し合いができなくなってしまう。

だから、ミスの原因が明らかになったら、それを誰のせいにもしないで**「よかった！　これで原因がわかったから、問題解決できますね！」とニッコリ笑顔で伝えましょう。一緒に心から喜びましょう。**これが、手順のその三。

そうすると、よっぽどのモンスタークレーマーじゃない限りは、「わかってくればいいよ」と怒りの矛を収めて、前向きな態度で解決に向かってくれるようになります。

営業の世界では、**クレームは最大のチャンスだ、**とも言います。

クレーマーとお得意様というのは、紙一重なところがあって、クレームを言いに行ったときに素晴らしい対応を受けたことで、感情が逆転して一気にファンになるというのはよくあることです。怒っているときというのは感情の揺れ幅が大きいので、何かの拍子にくるっと反転して、いきなり好感情になることがあるようです。

基本的に、人間の判断は感情にとても左右されやすいものです。冷静な状態から、好感情の大きな波を立てるのは結構難しいのですが、大揺れに揺れている状況をひっくり返すのは案外簡単なのです。うまく「波」に乗って（乗せて）ください。

COLUMN

可愛がられる営業マンのキーワードは「YES, and WHY?」

営業マンは、可愛がられることが大事な仕事の一つです。上司や先輩からも、お客様からも、どんどん可愛がられてください。

このコラムでは、可愛がられるためのコツを教えます。それは、この言葉。

「わかりました！」（ニッコリ）
「ただ僕にはその理由がまだよくわからないので教えてください！」（キラキラの目で）

「足で稼げ」という上司にどう対応すればいいか、というところでも話しましたが、この態度は仕事において、とても大切なことなので重ねて説明しておきたいと思います。

上司や先輩は、時に、とても耳の痛いことを言ってきます。

「足で稼げ」もそうですが、たとえばお礼状はメールじゃなくて手紙を書け、とか、朝は一番に会社に出てこい、とか、あるいは、タクシー使って営業先に行くなんて絶対ダメだぞ！とか。

そういうときに、はいはいと適当にその場しのぎで返事して実際には実行しないなんていうのは論外ですが、「はい！　わかりました！」とだけ返事をして、ただがむしゃらにそれを実行するというのもあまり褒められたことではありません。というのは、そこには成長の種が見つけられないからです。

そこで、前述の言葉です。

「わかりました！」（ニッコリ←これが大事！）

「ただ僕にはその理由がまだよくわからないので教えてください！」（キラキラの目で）

そう、いったん素直に受け入れたあとに、必ずその理由を確認してください。いきなり「なぜですか？」なんて聞いてはダメです。俺の言うことに文句あるのか！と怒らせてしまいます。**必ずこの言葉はセットで、順番も間違えずに使うようにしましょう。**

自分よりもたくさんの経験をしてきている先輩や上司は、それぞれの「こうすればこうなる」という成功（あるいは失敗の）ストーリーを持っています。**後輩や部下へのアドバイスは、一見偉そうな放言でも、実はちゃんとした理論に基づいているということがほとんど**です。

だから、言われたこと、命じられたことの裏側にある理由を教えてもらうことは、その経験や理論を自分のものにできる素晴らしい機会になるのです。しかも、自分の話を聞いてくれる若者は、年長者からすればとても可愛いはず。この魔法の言葉で、おおいに可愛がられてください。

第三章

「教えて！青木さん」

～ステップアップ！

「できる」営業マンへのQ&A

第二章に続き、この章もQ&A形式で僕の肉食営業マンスタイルをお伝えしていきたいと思います。第二章には、営業という仕事に配属されたばかりの新人営業マンが悩んだり困ったりしそうな項目を集めましたが、第三章ではもう少し経験を積んだ段階での悩み事をピックアップしました。

自分がいま悩んでいる質問を探して、その答えを読むという応急処置的な使い方はもちろん、全体を通して読んでいただけると「できる」営業マンとしての考え方が自然に身につくようになっています。

お客様の個性は千差万別、また、状況も一定ではありません。ある場面での正解は、別の場面では必ずしも正解ではない。これが、リアルな世界の真実です。だからこそ、**どんなことでも表面的なノウハウではなくて、そのノウハウを生み出した「本質」を考える習慣をつけていくことが大切です。**

「ああ、こういうときはこんなふうにすればいいんだ」「こう言えばいいんだ」という使い方で、最初は全然構いません。でも、だんだんと成長するにしたがって、その意味や理由が、あるとき、ふと「腑に落ちる」ことでしょう。そのとき、あなたはこれまでのステージを抜けて、新しい、もっと大きなステージに立てていることでしょう。

Q1

せっかく契約までこぎつけたのに、「家族が反対しているから」と白紙撤回の連絡が！こんなときは、どうしたらいい？

これは本当によくありますよね。

いったんは契約したんだけど、次の日の朝いちばんで電話がかかってきて「妻が反対しているので、やめます」とか、「もう一度家族会議で考え直します」とか。

こういう連絡が入ると、がっかりしてしまうのは当然ですが、このときの対応が後の明暗を分けますので注意が必要です。

最悪のパターンとしてはこちらが感情的になってしまって「何を今さら」「困ります！」みたいな態度や言葉つきになってしまうことです。こうなると向こうもひっこみがつかなくなってしまいます。

まず大切なことは、「あなた自身のお気持ちは？」という確認をすることです。奥さん（あるいはご主人）が反対している、あるいは親（もしくは子供）が反対している。

それで、あなた自身はどうなんですか、としっかりヒアリングしましょう。

「いや、私は欲しいんだけど……」という答えが聞けたら、まだまだチャンスはあります。「じゃあ、一緒に頑張って説得しませんか?」と、チームになって作戦を練ればいいわけです。

たとえば、スクール講座の営業をしていた頃にこんなことがありました。20代の男性が、1級建築士の資格をとるための通信講座に申し込んできたのですが、これが結構な高額で、たしか100万円を超える金額でした。本人は自分で支払えると言っていたのですが、親の知れるところになって「親が高すぎると大反対しているから申し込みを取りやめたい」と言ってきたのです。

そのとき、僕が確認したのはたった一つ。

「あなた自身は、このコースに入って勉強したいと今も思っていますか?」ということだけです。そうしたら「はい」という返事だったので、「じゃあ、僕が一緒にご両親に説明しに行きますよ」と答えました。

親と子の会話は、どうしても感情的になりやすいものです。そこに僕という第三者が出ていって、第三者的な目線からこの講座の価値や意義を伝える。その上で、お子さんはやりたいと言っているが、親として、それでも反対ですか？　どの点が心配ですか？と一つずつ聞いて、解消できるように努めました。

実際に話をしてみると、ご両親もやみくもに反対というわけではなくて、子供の向学心を応援する気持ちはたっぷりお持ちでした。

ただ、いきなり100万円という金額を耳にして驚いて、「だまされていないか？」と心配したということでした。

きちんと丁寧に説明をしてその誤解も解けて、親御さんからは「応援したいから、金銭的な援助もするよ」なんていうありがたい言葉も引き出せて、みんなが嬉しい結末となりました。

もちろん、こんなふうにうまくいくことばかりではありません。あまりに強固な反対を受けて、取りやめになってしまうこともあります。それは仕方がないことです。ただ、いつの場合も、**最も大事なのは契約者本人の意思**だということです。本人の気持ちがぐらぐらしている場合は、追い詰めてはいけません。結論を急がずに、なぜこの商品をあなたは一度は買おうと思ったのか？というところを、はじめの段階からゆっくりと確認しながら話を進めるといいでしょう。

どうしても、このお客様は戻ってきてくれないなということは、残念ながらあります。ただそんな場合も、自分の側からだけ眺めて「逃げられた！」なんて考えるようでは営業マンとして失格です。

そうじゃなくて、「自分から買ってもらえなくて、このお客様を自分では幸せにしてあげられなくて残念だ」という気持ちになるのがまっとうな営業マンです。電話を切った後に、「ごめんなさい、力不足でした」と受話器に向かって頭を下げるくらいの気持ちが大切です。

不思議なもので、そういう気持ちは相手に伝わります。そういう営業マンには、いつかまた、お客様が戻ってきてくれることも多いのです。

Q2

良いお客様を「紹介」してもらうためのコツってありますか？

まず、簡単に結果につながる方法としては、商品券などの金券や、紹介料として現金をバックするというやり方があります。これは、最も効果的で、テクニックも努力も要りません。ただし、実際には会社の規定などで禁止されていたり、できるとしても制限があったりという場合がほとんどでしょう。

また、このやり方の欠点として、どんどん要求がエスカレートしていったり、相手にとって自分は営業マンではなくて単なる「お金をくれる人」になってしまったりということがあります。こうなってしまうと、もう元通りの人間関係に戻ることは難しくなり、長い目で見たときには、損失のほうが大きいというふうにも考えられます。

なので、若い営業マンの読者のみなさんには、お金で「釣る」のではないやり方をぜひ知って、身につけてもらいたいと思います。

それは、ひとことで言うなら**「あなたならではの特典」**の提供です。

たとえば、手づくりの資料などもいいでしょう。紹介者の方に見せるための、分かりやすい商品説明の書かれた資料を自分で作成して、「これをお友達にお渡しください」というのでもいいと思います。

あるいは、何かの集まりの際に、差し入れをする。懐が痛まない程度のおやつでも、花束でも、あるいは会場のセッティングや後片付けを手伝うなどの労働力の提供という手もあります。パソコンが苦手な人なら、代わりに資料を作ってあげたり、空き時間に使い方を教えてあげたりなども喜ばれそうです。ご家族の行事の際に、ビデオ録画をして、編集してプレゼントするなんていうのも素敵ですね。

とにかく、**どんなことでもいいからお金以外で喜んでもらえることを考えて実行しましょう。お金以外の価値を提供することが大切です。**

というのは、お金で競争してしまうことになると、そこには「個人」が入り込むことができません。「あっちの会社は1万円くれるそうだけど、あなたのところはいくら？」なんていう競争はむなしいものです。一度は思い切った金額サービスで勝てたとしても、次はもっとエスカレートした要求が出されるかもしれません。そんな不毛な競争には最初から参加するのはやめておいたほうが無難です。

そんなことよりも、あなただけができる価値の提供を目指してください。そこには、他者との競合はありません。

Q3

顧客数が増えて、
丁寧なフォローができなくなったお客様から
「最近、冷たいね」と不満の声が……。
これって、どう対応したらいい？

この質問には、具体的な行動例をお伝えしたいと思います。

かつてのお客様から「最近、冷たいね」と言われてしまうのは、顔を出す頻度が以前より減ってしまったことで、相手に寂しい思いをさせてしまっているという状況ですね。これに対しては、とにかく寂しく思わせないような工夫が必要です。できれば、定期的に顔を出すのがいちばんいいのですが、お客様の数が増えてくるとそういうわけにもいきません。絶対的に時間不足になってしまいます。

そういう場合は、手紙やはがきを活用しましょう。季節の変わり目などに、時候の挨拶とともに「最近、なかなか伺えなくて申し訳ありません。でも、近いうちに顔を出しますので、覚えておいてくださいね」なんていう可愛げのあるメッセージを添えておきましょう。絵が得意な人なら、絵を添えてもいいですね。受け取った方を笑顔にできるような文面で送ります。

もっと気持ちや手間、それに費用をかけられる場合は、お誕生日などの記念日に贈り物をするというのもお勧めです。

女性だったら花束、男性ならワイン。どちらの場合も、お店にこだわるのがポイントです。花束なら、都内の有名フラワーショップから送ってもらいます。ワインの場合は、都内の百貨店から。「あのお店でわざわざ買って送ってくれた」「伊勢丹の（あるいは髙島屋の、三越の、など）包み紙で送られてきた」というのが受け取る側の喜びをさらに大きくします。といっても、値段は3000円程度で充分です。品物の値段が重要なのではなくて、「気持ち」が伝わるかどうかが大事なのです。

「あなたのことを忘れていませんよ」

「あなたのことを今でも大切なお客様だと思っています」

そういう気持ちを、贈り物に込めることで、しばらく間が空いてしまってもお客様を寂しがらせずに済みます。花代やワイン代は、件数が増えればもちろんそれなりにお金はかかりますが、そのお金はもとはといえば「営業」という仕事からいただだいているものです。そのほんの一部をお客様に還元するのだと考えてはいかがでしょうか。

Q4

どんどん
「ノルマ（目標数字）」が上がる一方。
どうやったら達成できるのかわかりません

今でもノルマを与えられる職場というのは多いものなのでしょうか。

ちなみに、僕の会社では営業マンにノルマを課すことはありません。彼らはみんな、自分自身で「今月はこれくらいの目標でがんばります」と決めて行動をしています。

実は、**ノルマというのは営業マンに緊張を強いてしまうことになるため、かえってパフォーマンスを落としてしまうことがあります。**営業マンを働かせるための燃料にはあまりなっていないように思います。

とはいえ、ノルマのある会社で仕事をしていて、そのノルマが「きついなあ」と思っている人も多いのでしょう。そういう方へのアドバイスとしては、ノルマの根拠をきちんと確認しようということです。

たとえば、「君のノルマは、今月から上がって、先月の2倍になったぞ！　がんばってくれ！」と言われたとします。

内心は「げーっ」と思うでしょうが、それは顔に出さずに、まずは「わかりました！」と、張り切って返事してください。そして、その後に、こう聞くのです。

「どうやったら2倍のノルマが達成できますか？」

それに対して「自分で考えろ！」なんて言われたら、そのときは「自分でも考えますが、一緒に考えてください」と粘ってください。その時すぐには突き放されても、たとえば1週間自分なりに努力をしてみて、とても2倍のノルマは達成できないと思ったら、その経過を報告しながらガンガン相談しましょう。

「こういうふうに考えて行動してみましたが、今のところうまくいきません。どうしたらいいですか？」と。そうすれば上司の方でも「その努力はあんまり効果的じゃないよ」とか「じゃあ今度はこうやってみたら？」などとアドバイスしやすくなります。

このときのコツとしては、決して弱音を吐くのではなくて、あくまでも前向きな相談という形をとるということです。「ノルマ達成なんて無理ですよ」じゃなくて、「どうしても達成したいんです。そのためにはどうしたらいいんでしょうか」という態度を見せることが大切です。

ノルマは達成できないときもあるでしょう。そんなときは、月の半ばくらいには、自分でもなんとなく「今月は無理だな」と予測できるはず。その場合は、状況を隠さずに上司にぶつけてみるのがいいと思います。

「このままだと、絶対達成できそうにありません。あと半月、どうやったら成果が上がるでしょうか?」と。

真面目に取り組んでいることが伝われば、絶対に上司は力を貸してくれるはずです（そうじゃなかったら、何のための上司なのか?という話です）。どんどん、自分の思いをぶつけていきましょう。

そうしていると、上司の方からポロっと「いや、実際、このノルマはきついよな」なんてことを言ってくれるかもしれません。「でも、会社全体の数字を作るためには君にこれくらいの仕事をしてもらいたいんだ」と、ノルマの背景を説明して応援してくれるなんてことも。

そうなれたら、あなたと上司はとても良いパートナーになれます。厳しいノルマのおかげで、上司との絆がより強く結ばれるなら、とても素敵なことです。

「どうせ無理だし」や「どうせ何を相談しても聞いてくれないし」というような「どうせ……」という言葉で勝手にあきらめることだけはないようにしましょう。

どんな厳しいノルマを与えられても「わかりました！　でも、どうやったらできますか？」という前向きなやる気を常に失わずにいれば、きっと良い方向に転がっ

第三章 「教える」は業マイン！
〜スタッフブレーン「こまる」！営業マンの Q & A

Q5

仲良くなった営業先の担当者は、
いつ行っても
親切に対応してくれて話もはずむ。
でも、どうやら決裁権はない様子。
こんなときは、どうすればいい？

せっかく仲良くなれて、いつもとっても楽しい話で盛り上がるのに、一向に商談が進まない……。これも結構みなさん「あるある」ネタではないでしょうか。嫌われたら先はないし、かといって、貴重な時間をいつも雑談だけで終わるのはもったいない。

どうすればいいのか？　ということですね。

これは、原点に戻って、自分の目的を思い出してください。それは、自社の商品を買ってもらって、そのことによってお客様を（お客様の会社を）今よりほんの少しでも幸せにすることでしたね。だったら、無駄話を業務時間内にしているのはお互いにとってプラスではない。少しずつ、本筋に戻す努力を始めましょう。

まず、「商品の納入、いつ頃がよさそうですか？」と、時期の確認をしてみる。同時に「予算はどのくらいをお考えですか？」と、お金の話も出してみましょう。

この2つの質問をはぐらかされるようだったら、しばらく離れたほうがいいと思います。先方は、あなたのことが大好きであなたに会いたいとは思っていても、商品を買う気はないということですから。本気で購入を考えている場合は、「次に来てもらうまでに上司（社長）に確認しておくね」などの前向きな発言があるはずです。

商談を詰めていくことをクロージングと言いますね。

クロージングには2種類あって、一つは**テストクロージング**。これは、ボクシングに喩えるなら「ジャブ」です。ジャブを連続して打ちながら、相手の様子を見て、次の一手を考えます。もう一つは、**ファイナルクロージング**。こちらは、いわゆるとどめの一発。ジャブで相手を弱らせたり、距離を縮めたりしていたところにストレートを入れて倒す、という感じ。もちろん、営業の現場では倒すのではなく「落とす」。この2つのクロージング手法は上手に使い分ける必要があります。

というのは、いきなりストレートを打ってみても、相手との距離が遠かったら届かないでしょう。それと同じで、こちらは決め台詞を言ったつもりでも相手の心に響かなかったら落とすことはできません。少しずつ間合いを詰めていくことが大切です。

「時期」と「予算」、この2つをきちんと聞き出すこと。そこから本格的な商談がスタートします。

Q6

営業先で、お客様から個人的なお誘いを受けました。これって行くべき?

この質問は、相談者が男性か女性かによって配慮が必要かもしれませんが、まずは大原則として**「絶対に行く！」のが正解**です。なぜ「行かない」という選択肢があるのかが、僕にはわからない。行かないデメリットのほうが大きいでしょう。お客様と個人的に仲良くなれるチャンスを逃す手はないと思います。

もちろん、大事なプライベートタイムを犠牲にしてまで付き合う必要はありません。彼女の誕生日のディナーの約束があるなら、それは絶対そちらを優先すべき。お客様にも「お誘いはすごく嬉しいし行きたいんだけど、今日は彼女の誕生日なんです！　残念ですが」とはっきり理由を添えてお断りすればいいだけです。それで気を悪くするような人なら、それはそれで放っておけばよし、です。

そういう先約がなくて、時間があるのなら、思いっきり喜んで「ごちそうになります！」ってついていきましょう。

仕事の場での会話とプライベートな時間の会話では、質がまったく変わります。

今後も一緒に仕事を通じてお互いに幸せな関係を築いていこうと思うなら、プライベートで仲良くなるというのはいちばんの近道だと思います。

ただし、最初に断ったように、**女性の場合でセクハラのリスクがある場合は十分な注意が必要**です。女性の場合は、まずは「お客様からのプライベートのお誘いは、すべて上司に報告して承認をいただくことになっています」と答えるのが無難だと思います。

そして、実際に行くときにも2人っきりにはならないように、複数で行くのがいいでしょう。「上司も同席したいと言っていますが、よろしいでしょうか」と。それで嫌な顔をするようなお客様は、よからぬことを考えているのかもしれません。そのジャッジにも使えます。

ただ、もう一度繰り返すと、大原則としては「プライベートの時間を一緒に過ごす」という機会は、とても貴重です。もう一歩踏み込みたい、もっと腹を割って話がしたいという場合には、いろいろなハラスメントへのリスクヘッジをしながら飛び込んでみることをお勧めします。

Q7

バーター契約を迫られました。これは、受けていいの？

バーター契約というのは、お客様に何かを買ってもらう代わりに、こちらもお客様のメリットになるようなことを提供するという、いわゆる交換条件みたいなものがついた契約のことです。

これは、求められるものが「お金（＝値引き）」なのか「お金以外」なのかに分けて考えてみましょう。

まずは、「買ってもいいけど、じゃあ値引きしてくれる？」という場合です。

これは、本当にありがちなことなのですが、僕は一切やりません。**値引きをして商品を売るのは最悪**だとさえ思っています。

その理由は、**値引きというのは、結局は商品自体の価値を下げていること**だと考えているからです。

たとえば、３万円で販売している商品を、「２万円なら買うよ」と言われて言いなりに値引きしたとしたら、そのお客様が手にした商品の価値は「２万円」となってしまい、正価の「３万円」の価値よりも低くなってしまいます。モノが同じでも、価値は低くなる。これは、本当に、絶対そうなんです。

読者のみなさんも、自分が買い物をしたときに、そういう経験はありませんか？

交渉したら値引きしてくれて、自分だけが安く買えた！とその瞬間は喜んだものの、使うときには「安く買えたものだし……」と扱いが雑になったり、大事にしようという気持ちにあまりなれなかったり、結局は気に入らなくて、あっという間に手放してしまったりしたことはないでしょうか。

僕は、自分が売っている商品には誇りを持っているので、その価値を下げてしまうことになる「値引き」には、一切応じません。

ひとつだけ勘違いしないでほしいのですが、たとえばバーゲンで安くなっているとか、通販で1つ買えば知らない間にサービスがいっぱいついてきた、というようなケースは喜んでそのサービスを受けてください。

売り手が自発的につけてくれるサービス（値引き）は、まあ言ってみれば想定内なので価値を損ねることはありません。買う方も、悪いなあなどと気にする必要はありません。

そうじゃなくて、交渉の中で「A社のB君は、もっと値下げしてくれるらしいんだけど、おたくはどうなの？」というようなケースです。

これは、もう絶対に、話に乗ってはいけません。そのお客様が判断の基準にしているのが「金額」だけなら、その勝負からは早々に降りてしまいましょう。

「僕は、この商品にはこの価格が適正だと思って自信を持って売っているので、値引きはしません。本当にごめんなさい」でいいと思います。

僕の経験では、こういうふうに言った後で、ちゃんと正価で買ってくれたお客様が実はたくさんいらっしゃいます。「そこまで自信があるのなら、君から買うよ」と。ぐらぐらしないで、自信を持って、かつ、ご希望にそえなくてごめんなさいの気持ちをちゃんとにじませるのがポイントです。

もう一つのパターン、お金じゃない場合のバーターは、「もの」次第で考えればいいと思います。「おたくの○○を買う代わりに、うちの□□を買ってよ」と言われて、□□に自分でも興味があって、ほしいと思うなら買えばいい。まさにＷＩＮ－ＷＩＮです。

相手の商品を自分が買うことで得られるメリットというのは、結構大きいものです。どんな商品を扱っているのか、契約手順はどんなふうに進むのか、契約書の内容はどんなものかなど、ふだんは触れることのできない情報が手に入ります。リターンの大きい投資だとさえいえるでしょう。

Q8

やっと先方の社長と面談ができた！
でも、世間話が長くて、
要点を切り出す前に
次のアポイントの時間が迫ってきてピンチ！
どう切り出せばいい？

長話の社長さん……、中小企業や、町の商店主さんなどには時々いらっしゃいます（ちなみに僕も、よくそう言われます。「おしゃべりな社長さん」の一人です。ごめんなさい）。こちらに時間の余裕さえあれば、どんなおしゃべりもすべて貴重な情報になるのでとことん付き合えばいいのですが、次のアポイント時間が迫ってきているときは、困ってしまいますね。さて、どうやって、席を立ちましょうか。

これは、そんなに気遣いする必要は実はなくて、「社長！　本当に楽しいお話でずっと聞いていたいんですが、実は次の約束があって、残念です」と素直に言うのがいちばんです。そして、その際には「次は、サンプルを持ってきます」とか「資金計算を準備してきますね」というような具体的な提案をしたいという意思を表しつつ、次回のアポイントをもらいましょう。「次は、いつにしましょうか？」と。

いくらおしゃべり好きだと言っても、相手は社長、経営者ですから、ちゃんとビジネス感覚があります。こちらの意図を受け止めてくれるはずです。

帰り際、もう一度、言いましょう。「いやあ、今日は本当に面白いお話でした！　また聞かせてくださいね！」と。これでフォローは万全です。

Q9

お客様からの紹介先が、上司や同僚とかぶってしまったときは、譲るべき?

この場合は、**「一礼してから譲る」のが正解**です。

一礼してから、というのは、お客様にきちんとご挨拶をしたうえで「僕の上司（または同僚）の○○が参ります。○○は僕よりも経験も豊富で優秀なので、安心しておまかせください。よろしくお願いいたします」と伝えるということです。

よく、お客様がかぶってしまったときに、勝手にこちら側のサイドで話し合って、「じゃあ、どうぞ」みたいな決め方をしてしまいがちですが、それでは譲った方には何のプラスもありません。

きちんと引き継ぎの一言を言うか言わないかは、非常に大きな違いなのです。

たとえば、僕が「一礼して譲った」先に、上司が営業にやって来ます。話をしている中で、きっとお客様は「そういえば、部下の青木君、きちんと挨拶に来てくれて、すごくいい若者だね。あなたにまかせれば大丈夫だって言ってたよ」というようなことを上司に伝えてくれることがあります。そうすると、上司の方も嬉しいはず。「次は、あいつにまかせてみようか」なんて思ってくれるかもしれません。

この紹介の例に限らず、仕事の中で「どっちが譲るか？」という場面は、結構多いと思います。そういうときには、僕は、常に気持ちよく譲るほうを選びます。

これにはちゃんと理由があって、それは、譲られた方は、譲ってくれた人に対して「ありがとう」という気持ちが芽生えるからです。ましてや契約がとれたりしたら、感謝の気持ちは一層高まります。そして、それはいつかどこかできっと返ってくるものだからです。

第三章　「教える」と「書きこむ」
〜スクラッフィフッフィン「できる」！ 営業マンの Q & A 「

Q10

将来は起業したいと思っています。営業経験は、どの程度必要ですか？

営業経験が起業にどれほど大切なのかという話は第五章で詳しく話しますので、ここでは質問に端的に答えることにします。

「最低でも3年は、企業に入って営業の仕事をしてください」

実際に営業部に配属されなくても、それは大丈夫です。

これも後述しますが、**すべての仕事は営業の要素を持っている**からです。だから、言い換えるとすれば**「起業がしたいなら、会社員経験を最低でも3年は積んでください」**ということになります。

会社は、初めて社会に出た若者にとっては「学校」のようなものです。マナーも教えてもらえるし、言葉遣いや社会における常識も、そして驚くような理不尽さなども味わうことができます。理不尽なことって世の中には多いのに、学生時代まではそれほどリアルには体験してこなかったと思います。会社員になると、理不尽の嵐（笑）。これは、体験しておいたほうが絶対いいと思います。

また、可能であれば、**転職経験もお勧め**です。大企業のサラリーマン経験と中小企業のサラリーマン経験の両方を持っておくと、起業後にとても役に立ちます。それぞれがどんな論理で動いているのかを知り、システムの違いを知るというメリットもありますし、さらには、大企業のサラリーマンと中小企業のサラリーマンそれぞれの特徴・志向などを知ることもできます。自分自身が起業して、会社員をターゲットにして商品開発をする際に、このときの経験が生きてきます。

僕自身も起業したのは30歳のとき。それまでは、複数の会社で会社員経験を積みました。それがいまとても役に立っています。

第三章 「教え」と「学び」
~ステップアップン！「できる」授業マンの Q&A

COLUMN

ちょっと肩の力を抜いて、営業ゲームで遊んでみよう

僕の持論として、「すべての仕事は営業に通ずる」というのがあるのですが、仕事だけじゃなくて、日常生活でも複数の人が集まれば「営業」が生まれます。営業マンって辛いなあと感じている人もいない人も、もっと気軽に日常の中で「営業ゲーム」を面白おかしく楽しんでみませんか？

名付けて「今日のランチ、自分の食べたいものを食べるぞ！大作戦」（笑）。

会社で昼休みを迎えると、たいてい数人で固まってランチを食べに行くことになりますよね。自分では「今日は肉の気分だ」と思っていても、先輩から「刺身定食を食べに行こうぜ」と誘われると、「いいっすね」なんて答えてしまって、内心では「俺が食べたいのは肉なのに～‼」なんて叫ぶ日もありませんか。

そんなときに、やってみましょう。「自分の食べたいもの」に相手を誘導する「営業」を。

「先輩、なんかさっきから肉の焼けるいい匂いしませんか？」

「こないだテレビで見たんですけど、昼に肉を食べると、午後はパワーアップできるみたいですね」

「最近は、肉女子といって、女の子の肉好きが増えてるらしいですよね。焼き肉店にも若い女子がいっぱい来てるそうですよ」

……などなど、なんでもいいんです。とにかく「肉」を食べたくなるような発言を連発したり、わざと焼き肉屋さんの前を通って肉の焼ける匂いをかがせたり、遊び心満載で面白おかしく相手の気持ちをこちらに傾ける、というゲームです。先輩が「うわー、肉が食いたくなった！」となったら大成功。

ゲームとして面白がるためには、自分の好きなものにこだわらず、たとえば「今日はパスタで営業しよう」と思ったら、ひたすらパスタ派発言をする。「飲茶にしよう」という日には、飲茶のいいところを10くらい並べあげる。

こういうことを続けていると、結構仕事の場面で応用ができます。目の前の商品の良いところをすぐに見つけることができるんです。

もうひとつ大事なのは、いつもいつも自分の意見で人を負かさないということ。たまには誰かの希望をくんで、そっち側についてあげる。「そばが食べたい」という人が少数派なら、それを応援して、その日はそば営業をする。そうやって恩を売っておいて、いざというときに恩を返してくれる味方を増やすというのも大切なことです。

第四章

「肉食営業」のススメ

CARNIVOROUS

「これからも、営業を続けたいと思っていますか?」

ご自身の胸に、この問いを投げてみてください。

「これからも、営業を続けたいと思っていますか?」

答えが「はい」なら、この先も読んでください。**「もうやめたい」と思っているなら、早いうちにやめたほうがいいですね。**

だって、営業なんか続けたくないと思っている営業マンから商品を買うお客様の気持ちを考えてください。そんなやる気のない営業マンからは買いたくないし、買っても幸せになれるイメージが湧くはずありません。もっと別の、営業をやりたいと思っている人から買ったほうがいいに決まっている。

……と、ここまで読んで「イラっ」とした人、いますか?

もしイラっとしたなら、あなたは肉食営業マンの素質があります（笑）。

だから、ぜひ、続けて立派な営業マンになって世の中に幸せな人を1人でも多く、僕と一緒に増やしていきましょう。

こんなことを言っている僕だって、最初は草食系の営業マンでした。つまり、「待ち」の営業スタイル。自分からお客様に向かっていくのではなくて、電話がかかってこないかなあとか、広告を見て買いたいって言ってこないかなあなんて。そんなことを考えて日がな一日オフィスで待っているようなタイプだったのです。

それが変わったきっかけは、現場監督時代に知人から声がかかって始めた飲食業（和食レストラン）の経営のお手伝いです。場所は九州の片田舎で、当時はまだネット環境も充実していないような場所でした。お客様の大半が高齢者で、スマホやパソコンを使う人はほとんどいません。

そんな状況の中で、僕に与えられた課題は「おせち料理」の予約販売でした。12月に入ってからの2週間くらいで300個のおせち料理予約を取って来い、というミッションが与えられたのです。

さあ、どうしましょうか。

レストランに来てくださるお客様が、まずはターゲットです。

だけど、どのタイミングでおせちの話をすればいい？　食事中に話しかけるのは迷惑に違いない。じゃあ帰り際はどうだろうか？　でも、そんなタイミングではゆっくり話はできないし……。などなど、毎日作戦を考えました（今思うと、このあたりから、徐々に「肉食」化していったわけです。待つ営業ではなく、攻める営業への第一歩でした）。

結局、僕がやったのは次のようなことでした。

・去年までの顧客リストに電話をかける（これは、営業の王道ですね）

・団体客の場合、バスで送迎することがあったので、そのバスの中で明るく楽しく宣伝する

・グループのお客様の中で、リーダー格の人を見極めてその人にお願いをする（これはかなり効き目がありました。リーダーに気に入ってもらえると「じゃあみんなで買ってあげようよ」なんて、仲間の方に言ってくださったりしたものです）

・ちょっとしたサービス（飲み物とか、デザートとか、あるいは消費税分をサービスするとか）をしながら、「僕の話を少しだけ聞いてもらえますか？」と切り出す

特別なことは何もしていないのですが、これらの小さな努力が実を結んで、その年は300個が完売！　おおいに面目をほどこしました。と同時に、営業の面白さを知ることができました。

そうなんです。草食営業から肉食営業への「進化」（と、ここではあえて言わせ

てもらいます）のきっかけは、特別なことではありません。コツコツとした行動の積み重ね、ふとかけられたお客様からの喜びの声（「あなたから買えてよかったわ」など）、他から買うよりも絶対僕から買ったほうが幸せになれますよ！という強い想い。

自分が売るもので、お客様を幸せにしたい！という気持ちが確信に変わったとき、そのとき、立派な肉食営業マンが誕生するのです。

CARNIVOROUS

前のめりに「聞け！」

この本で僕の言うところの「肉食」というのは、

「自分からアクションを起こす」

ということです。

営業マンの仕事の中で、お客様と話すことというのはとても重要なファクターなのですが、その「話を聞く」という一見すると受け身のようなときにも、常にアクティブに聞くことが大切です。「うん、うん」と相槌を打つにも、右から左に聞き流しているときと、身を乗り出して一言一句を聞き逃さないぞ、というときでは相手に与える印象はずいぶん違ってきます。

営業マンの中には、「お客さんの話がつまらなくて苦痛だ」という不満を言う人もいますが、それは、大きな考え違いです。お客様の話というのは、常にありがたい。僕はそう思っています。

だって、その中にはたくさんの情報が詰まっています。お客様の好み、今考えていること、今気になっていること、最近の悩み、どういうことが嬉しいのか、反対にどういうときに怒るのか。話を聞くというのは、そういう情報をどれだけ正確にキャッチできるかどうかの真剣勝負の場です。

一流の営業マンというのは、その中から、お客様のたった一言を逃さない。ここが肝だ、というところをバシッとつかむことができるんです。これは、僕自身がそれを上手にできるというより、これまでの様々な営業現場で出会った素晴らしい営業マンから学ばせていただきました。

あるとき、大手不動産会社のトップ営業マンに同行させてもらったことがあります。

物件を案内しているときも、その後の雑談の間も、お客様の反応は上々で「これは問題なくうまくいくな」と、僕は喜んでいました。

ところが、その帰り道に、そのトップ営業マンの方が「青木さん。さっきのお客さん、難しいかもしれない」と言うから驚きました。その理由を尋ねると、「ちらっと、こんな話をしていたでしょう? それがちょっと気になるんですよね」と。正直、そのときは、僕にはその話がピンとこなくて、大丈夫だろうと思っていたのですが、結果として、トップ営業マンの懸念が当たり、契約はできませんでした。

「うわぁ。一流の人っていうのはすごいな」と、素直に感動したので、今も忘れられない経験です。

鉄人の成功の秘訣は「我慢」だった

最近、テレビで見かけたすごい鉄人の話をみなさんにも紹介したいと思います。

86歳の男性、まあ言ってみれば「おじいちゃん」ですが、なんとアイアンマンレースの世界記録保持者（当時）なんです。アイアンマンレースというのは、3・8kmのスイム、180kmのバイク、42・195kmのランの合計226kmのレースのタイムを競うもので、世界一過酷な競技だと言われています。

そのおじいちゃんアイアンマンがテレビ番組のゲストに出ていて、他のゲストの芸能人の方たちと肺活量勝負をしていたんです。透明な桶に水を入れて、そこに顔をつけて息を止める。その時間の長さを競うわけです。そのとき、一人のゲストが「長く息を止めるためのコツはありますか?」と聞きました。それに対するおじいちゃんアイアンマンの答えに、テレビの前の僕は思わずうなりました。彼はこう答えたんです。

「我慢です」

どうですか、この答え。まっすぐに僕の胸に飛び込んできて、刺さりました。英語で言うなら「cool!」って感じでしょう。超カッコイイ、と僕は思いました。

大事なことが、その一言に込められている。

今の時代は「根性」なんていう言葉はどちらかというとマイナスイメージで、恥ずかしいとか、時代遅れだとかいう印象ですが、結局、**ものごとを成し遂げる際に大切なのは根性論に基づく我慢なんだ**と、僕は思っています。

今は親からも先生からも「無理しなくていいよ」「無理しちゃダメだよ」と言われて育ってきている人が圧倒的に多いから、「大事なのは我慢です」なんて言っても、「そう言われても、キツイから我慢できません」という反応が返ってくる。

もちろん、しなくていい我慢というのはあります。する必要のない我慢もある。ただ一方で、「ここは我慢のしどころだ」というポイントも絶対にあるはずです。「我慢」は体にも心にもよくないから、と、一切の我慢を否定するという風潮に僕は大きな疑問を感じています。

我慢を一切否定している人というのは、つまり、コツコツ努力できない人です。結果を出すまでの道を、いつでもショートカットしようと考える人だと思います。

ショートカットが悪いと言っているのではありません。近道があるならわざわざ時間も労力もかかる遠回りをする必要はありません。基本的には、そうです。

ただ、時間と労力を積み重ねないと、絶対にたどり着けないゴールというのも世の中にはあって、近道しか選びたくないと思っている人は、永遠にそこにはたどり着けません。

僕が「近道派」の人に対していつも思うのは、もうちょっと長い目で人生を考えようよ、ということです。たとえば、1年後の自分はどう変わっていたいのか。今よりもどうなっていたいのか。自分のどこをどう成長させたいのか。

そして、そのためにはどんな努力が必要なのかということです。

筋トレだって、いきなり30キロのバーベルを持ち上げることはできないでしょう。でも、1年後に持ち上げたいと望むなら、最初は10キロくらいから始めて、筋肉を鍛えて、姿勢も整えて、少しずつ目標に向かって進んでいくしかありません。その道中は、きっと我慢の連続です。でも、だからこそ1年後に「こんなに軽々と持ち上げられる！」という喜びを得られるのです。

鉄人だって、最高の成果を出すためには「我慢」している。僕たちが我慢から逃げ回っているのは、恥ずかしいことだと思いませんか。

CARNIVOROUS

「声」が大事

アナウンサーは声が命……というような言葉があったようなかったようなな。ともあれ、営業マンにとっても声はかなり大きな武器となります。もともとの地声に自信がない人は、そんなふうに言われるとがっかりしてしまうかもしれませんが、僕の言うところの「声」というのは、滑舌や話し方、スピード、強弱や高低なども含めた「声」のことです。

世の中には「あの人の声を聞くだけで、何だか元気になる」というような人っていますよね。男性にもいますし、女性にもいます。年齢はそんなには関係ないように思います。

そういう声を注意深く聞いてみると、声に力があるのを感じます。堂々としている。明るい。楽しそう。そういう声が営業の現場でお客様にいい影響を与えるのは間違いありません。

そんなわけで、僕は、「声」についての勉強を以前からずっと続けています。つい最近も、テレビのニュースキャスターの方が講師を務める「話し方」セミナーに参加してきました。そこで教わったことを、みなさんと共有したいと思います。

まず、やはり「土台」のトレーニングが重要だということです。

話し方の土台というのは、発声のことです。発声練習は継続したほうがよさそうです。「ア・エ・イ・ウ・エ・オ・ア・オ」とア行から順に大きな声で発声する練習ですね。営業所などで、朝礼に組み込んでもいいかもしれません。

次に、**TPOによって声の「高さ」を変える**ということを教わりました。

これは、たとえば2人っきりで対面の場合、あるいは会議室での会議のような多くても6~8人くらいの場合、そして30人以上のセミナーなど壇上で話す場合でそれぞれ声の高さを変えるということです。

音階で「ミ」と「ファ」と「ソ」がありますね。もし近くに楽器があったら、この3つの音を鳴らしてみてください。

「ミ」は、対面のときの声の高さ。このくらいが「あなたに向かって話しています」ということを最も表してくれる高さだそうです。

「ファ」は、会議室での声の高さ。2人のときよりは、少し音階のレベルを上げる。

「ソ」は、セミナーでの声の高さ。ちょっと高めの声で、遠くに飛ばす感じで話します。

もちろんこういうことを知らなくても、誰でも無意識に声の高さや大きさを状況に応じて調整しています。だけど、知識として知っておくことで、自信をもって話せるようになるという大きな利点があります。それがプロに学ぶことの大きな意義だと思います。

声のトレーニング方法も習ってきたので、こちらもみんなにシェアします。用意するものは割りばしを2膳。割らずに使ってください。

①割りばしを縦にして、太いほうを左右の奥歯それぞれで噛みしめる。そのままの状態で（噛んだまま）「あ――」と、声を出します。喉の震えが感じられると思います。喉のストレッチになります。

②次は滑舌をよくするトレーニングです。①と同じように割りばしを左右両方の奥歯で噛みしめながら、「ア・エ・イ・ウ・エ・オ・ア・オ」とア行から順に発声練習をします。2分間くらい続けて、割りばしを外してください。これは、舌のトレーニングです。外した後にしゃべってみると、驚くほど滑舌がよくなっているはずです。

トレーニングはこの2つで充分です。できれば営業に出かける前の毎日の習慣にしてください。

さらに「声・話し方」関連でもうひとつ、これは僕の経験からお伝えしたいのですが、**話すときの語尾にも注意**してみてください。

もう十数年前になるでしょうか、若い女の子を中心に「語尾上げ」の喋り方が増えていて聞き苦しいと騒がれたことがありました。

語尾上げ言葉、みなさんも思い浮かびますよね。疑問文ではないのに、普通の文章の語尾を上げる喋り方です。

例）「今日のお昼、何食べたい？」（これは普通の疑問文です）
「うーん。焼きそば↑（と、語尾が上がる）」

いまではことさらに語尾上げ言葉がどうこうという意見も聞かれなくなりましたが、ビジネスシーンでは、これは絶対にNGです。語尾上げの喋り方は、非常に子供っぽく（言葉を選ばずに言えば、バカっぽく）聞こえます。幼稚なイメージ。仕事場ではマイナスでしかありません。**語尾は、必ず下げて話すようにしてください。**これも、意識するのとしないのとでは大きな違いです。

ここまで読んで、「あれ？　自分の話し方ってどうだったっけ？」と思った人は、一度スマホなどで動画撮影してみるといいと思います。これは、先に言っておきますが、とても恥ずかしいです。自分の声も話し方も動く姿も、改めて見せられると、「うっそー」となります。だけど、だからこそ、目をふさがないで、しっかり見つめる。声と話し方のレベルを上げれば、必ず営業成績もそれに伴ってアップします。

流行っている店はどこも「シェフにおまかせ」！

最近は予約が数年先まで埋まっているというような飲食店が以前よりも増えているようですね。つい最近も、友人に誘われて訪れた都内のとある焼き肉屋さんで、次の予約をお願いしたら２０２１年以降になりますと言われました。

そういう大人気のお店は、ほとんどがメニューからアラカルトの料理を選ぶのではなくて、「おまかせ」コースのみという形式をとっています。完全予約制で、料理はおまかせ。さらに言うと、そこにおまかせのお酒のペアリングもつく、という感じです。これが今の流行です。

この**「おまかせ」という形態は、お店とお客様の相互の信頼関係のもとに成立しています。**お客様は「この店のシェフの作るものなら、なんでもおいしい。よさそうなものを出してくださいね」とメニューを一任します。これって、究極の営業の形ですよね。まさに肉食営業が最終的に目指す境地がここにあります。

ただし、当然のことながら最初からこういう状況にはなれません。料理店の場合も、初めて行く店で「おまかせ」というのは、かなり不安ですよね。好き嫌いもあるし、お金のことも気になる。食べる量や飲む量も、個人差があります。それを、お客様の方は店に伝える。店側はお客様の様々な情報をしっかりヒアリングする。そういうプロセスを踏んで、互いの信頼関係は築かれていきます。

営業の現場でも同じです。

だから、**僕は、お客様にはガンガン質問します。**だって、個人の好みや要望って、聞かないと分からないことだらけじゃないですか。料理の例で言うなら、コーンスープが好きですか、コンソメが好きですか。メインのハンバーグはデミグラスソースがいいのか、和風ソースがいいのか。ご飯がいいのかパンがいいのか、量はどのくらい食べたいのか。どれもすべて、本人に聞けばすぐに分かることですが、逆にいうと聞かなければまったくわからないことばかりです。

営業マンで、カバンの中を資料でいっぱいにして、営業先ではいきなり商品の説明資料を見せながら一生懸命語り始める人がいます。

このやり方は、レストランで、国語辞典くらいの分厚いメニューを各テーブルに置いているみたいなものです。そして、それを汗をかきつつ1ページ目から順に説明しているイメージ。

「当店ではハンバーグは、3種類のソースで召し上がっていただけます。一つ目は、正統派のデミグラスソース。これは、肉汁に赤ワインを煮詰めたものを…」なんて事細かに説明するよりも、「お客様は、ハンバーグはどんな味つけで召し上がるのがお好みですか?」と聞いたほうが断然、早い! こちらからぜひとも伝えたいことがあるのなら、その説明は、相手の要望を聞いた後で的を絞ってすればいいのです。

僕は、資料の説明で貴重な時間を費やすことはしません。とにかくお客様と会っている間はしゃべりまくる。聞きまくる。資料は帰り際に「後で読んでおいてくださいね」で充分です。

運のせいにしているうちはダメ

「運も実力のうち」という言葉があります。

これは、運を引き寄せるのも実力があってこそだという意味でもありますし、また、もっと肉食的に言えば、どんな運であっても自分に確かな実力があれば必ず良いものに変えられる、ということでもあります。

実際にはそんなにはうまくいかないかもしれませんが、悪い運がやってきたときに「どうやったらこれを良い方向に変えられるのかな？」というふうに考えられる人が「肉食」なんだと言うこともできるでしょう。

営業の仕事で、たとえば「運が悪いなあ」と思うような場面といえば、すぐに思いつくのがお客様運です。たまたま分配されたリストに順に当たってみている中で、同僚は、最初のお客様がいわゆる優良客で、早々と契約を決めてきた。

一方自分は、リストの最後まで追いかけても１人の見込み客さえ望めない。そんなとき、「ちぇっ、運が悪いなあ」とつい思ってしまうことでしょう。

だけど、そこで、そんなふうに運のせいにして逃げないで、踏ん張ってほしいんです。このカスみたいな（と、内心で思うのはＯＫ！）リストの中で、１人でも決められたらすごい。そのためには、どんな戦略が必要か。同僚と同じようなことをやっていてはダメだということはわかったから、新しいアプローチを考えなければいけない。それって何だろう？

自分にしかできない方法でもう一度チャレンジしてみよう。この中から決めて、みんなを驚かせたい！――つまり、リストにアクティブに向かい合うということです。

リストのお客様に順番に電話をして当たり・はずれなんて言っているのは、行為としては電話をかけているわけだけど、精神的には完全に「待ち」の営業です。そうじゃなくて、「攻め」で向き合う。それが、肉食営業のスタイルです。

CARNIVOROUS

「努力」バンザイ

ビジネスというのは泥臭いものです。成功しているビジネスパーソンというと、イメージ的には華やかに見えるかもしれませんが、結果として今、華やかなステージにいるだけで、舞台裏には「泥臭さ」が詰まっているはずです。

以前、カリスマ美容師がもてはやされ始めた頃のことです。若い人たちの間で、あこがれの職業として「カリスマ美容師」が上位に入ったそうですね。美容師の専門学校に応募する学生さんが急増したという話を聞きました。カリスマ美容師になって、雑誌やテレビに出てみたい。カリスマ美容師になると、モデルさんや芸能人とも親しく付き合えるようになる。「私もカリスマ美容師になりたい！」「僕もカリスマ美容師になりたい！」というわけです。

だけど、世間で有名なカリスマ美容師だって最初からカリスマ美容師だったわけではありません。

美容師の世界はいまだに年功序列が厳しくて、床掃除やタオルの洗濯などから始める修行時代も数年にわたります。その中で、先輩美容師さんからいろいろなことを教わったり、時にはじっと眺めて技を盗んだり、少しずつ練習の場を与えてもらったりして成長していきます。時には怒られたり、また別のときには励まされたりしながら力をつけていくのです。

ローマは一日にして成らず、カリスマ美容師も、他のどんな職業も同様です。華やかなスポットライトを浴びるようになるまでは、努力の日々が続きます。その努力が、しっかりとした土台を作ってくれるからこそ、いつか花が咲くのです。

「土台」が、とても大切です。

家づくりでも土台をしっかり作っておかないと、建物を建てることはできません。建物だけ立派なものを運んできても、土台と結びつかない建物はすぐに揺らいで傾いて、いつか倒れてしまいます。そして、**仕事における土台は努力以外のもので作り上げることはできない**のです。

努力という言葉には「しんどい」イメージがつきまといます。また、なぜか「ものすごい量をがんばってこなすことだ」と思いこんでいる人もいます。だから、努力は苦手、努力なんてできればしたくない、と考えてしまうのでしょう。

でも、僕がみなさんに勧める努力は、そういう負荷の大きすぎるものではなくて、どちらかというと継続することに重点をおいたものです。**小さい努力を長期間続ける。継続は力なり、を実践してもらいたい**と思っています。

週に1回、3時間の筋トレを行ってへとへとになるのではなくて、毎日3分間でいいから腹筋と腕立て伏せをする。その方が、絶対に結果につながります。

努力というのは「続けること」です。「小さくても、続けること」。それが何より大事です。

お客様「肉食」化戦略

肉食営業マンの究極の目標は、お客様も「肉食化」してしまうことです。そうなれば、ますますＷＩＮＷＩＮ度も高まります。

たとえば、あなたがダイエットに関する商品を売る営業マンだったとします。ターゲットとなるお客様は、「痩せたい」と思っている男女。目的は明確なので、比較的営業がしやすい商品だと思います。

ところが、ダイエット商品のように購入後にお客様の努力も必要とするものの場合（他には英会話などの語学学習もそうですね）、多くの営業マンがぶち当たる共通の大きな壁があります。それは、お客様が、もうすでにあきらめてしまっていることです。

「これまでに、他の商品も試したんだけどダメだったから」

「いくらお金をかけたか知れない。もう何をやっても無理みたい」

そんなふうにため息をつくお客様を前にして、「いや、僕たちの今回の商品なら絶対に成果が出ますよ！」と、言い切ることはできますか？――いや、それは、言い切ってはダメです。なぜなら、嘘になってしまう可能性があるからです。結果が出ない場合がある。その本当のことをちゃんと伝える必要があります。

そして、その理由は、決して商品のせいではなくて「お客様、あなたの本気が足りないからです」とはっきりと伝えなければなりません。それが、肉食営業マンの仕事です。

これまで結果が出なかったのは、商品のせいだけではない。お客様自身が、本気で努力していないからだという耳に痛いことを言えてこその、本気の営業です。

甘い言葉だけを囁いても、お客様は永遠に「なりたい自分」に近づけない。次々に商品を試して、それでも結果が出ない。お金ばっかり失って、得るものはない。

そんなお客様に、さらに自社の商品を売ったとしても、お客様の幸せにはつながりません。僕なら、「お客様が本気で努力してくれると約束してくれるまで、この商品は売りたくない」くらいのことは言います。それが営業マンの使命だと思うから。

何度も繰り返してきたように、営業マンの仕事はモノを売ることではなくて、お客様の横に並んで、一緒に壁を越えることです。ともに喜び合うことです。

だからこそ、伝えるんです。なぜ今まで結果を出せずにきてしまったのか。その原因をしっかりと分からせてあげることが重要です。その上で、「結果が出るまで、いつまででも僕は協力を惜しみません」と言ってあげる。だから、一緒に本気出しましょうよ！と。

こっちの本気に相手を巻き込んでいく。これが、肉食営業の真髄です。

イメージで言うと、ステーキ皿があって、自分が肉だとしたら、一緒に皿に載っているブロッコリーにもにんじんにもポテトにも同じソースをかけて同じ味にしちゃう感じ。元々は違うんだけど、味でつながる。同じチームになる。

そして、最終的には、お客様をお皿のど真ん中に置いてメインにできるように、盛り立てていく。そうなると、お客様は、もう絶対あなたという営業マンから離れません。何を買うにもあなたから買いたい、と言ってくれるようになります。

COLUMN

今売るだけが「肉食営業」ではない

第四章では「肉食営業でガンガン攻める」的な話をたくさんしてきましたが、肉食営業というのは必ずいつも「売る」ことにこだわるわけではないということをお話ししておきたいと思います。**肉食だからこそ、あえて「今は売らない」という選択をすることもあります。**

これは実際にあった話です。

数年前のことです。高校3年生の男子から、僕が当時販売していた投資商品（収入アップにつながるもの）を買いたいという電話がありました。その子の家は母子家庭で、お母さんが頑張って働いて大学の費用を捻出してくれたことにすごく感謝をしていて、自分でも何か稼げることをしたいというのが商品の購入を検討している理由でした。

最初にその話を聞いた段階では、気持ちもよく理解できるし、一日も早く恩返ししたいという想いをかなえてあげたくて、収入アップを可能にするためのいくつかの商品を紹介しようと思いました。

だけど、もうしばらく話をしているうちに、彼が大学に行く理由がサッカーであることがわかりました。ずっとサッカーを続けていて、大学にもサッカーの推薦で入学できたということでした。スポーツを本気で続けようとすると、結構莫大なお金がかかりますよね。そんなこともあって、とにかくお金を稼ぎたいと焦っている様子がうかがえました。大学に入学するまでの半年間でできる限りのお金を作りたいんだ。だから、僕から商品を買いたいのだ、と。こちらが積極的に勧めるまでもなく、簡単にいくつかの商品が売れそうな状態でした。

だけど、僕は彼に「それは違うんじゃないかな」と言ったんです。

「君は、大学に何しに行くの?」って。

彼はこう答えました。

「もちろん、サッカーです。プロのサッカー選手になりたくて、だから大学でもサッカーを続けて、名を挙げたい。母親もその夢を応援してくれています」

それを聞いて、僕は次にこんな質問をしました。

「じゃあ、君みたいにサッカーでプロを目指す高校3年生は、今から大学入学までの半年間、何をしていると思う？」と。

答えを聞くまでもなく、それはもちろん、練習やトレーニングでしょう。4月の入学に向けて、みんな最大限の準備をしているはずです。それなのに、君はその期間にお金儲けをするのか？　それは本当に正しいことなのか？　そんなことで、4月に入ってすぐにレギュラーポジションが取れると思う？　矢継ぎ早に質問を重ねていきました。

「それは……、難しいかもしれません」と、彼はそう答えました。

苦労してお金を稼いでくれているお母さんのために、自分も何かしらお金を稼ぐことがしたい。その気持ちは本当に素晴らしいと思います。その気持ちは持ち続けてほしい。

だけど、いま君がやらなければならないのは、目先のお金を稼ぐことではなくて、本気でプロを目指して突き進むことのはず。

だから、君には商品を売らない。――僕はそう話しました。

彼は、電話の向こうで相当驚いているようでした。

「え？　こんな営業マンがいるんだ！」とびっくりしたのでしょう。

「どうして、そんなことを言ってくれるんですか？」と、最後に聞かれたので、ちょっとカッコつけて、こんなふうに言いました。

「君がいつかプロ選手になって、何かのインタビューを受けたときに思い出に残るエピソードとして、高校3年生の秋に金が稼ぎたくて電話をかけた会社の営業マンから『今は、そんなときじゃない。半年間、本気でサッカーに向き合え。そうじゃなければ一生勝てないぞ。だから、うちの商品は売らない』と言われました。それがきっかけですごく努力したから、今の僕があります。——そう話してくれたら嬉しいから。僕はそれを、定食屋さんのテレビかなんかで観て、祝杯をあげるよ」

ちょっと珍しい彼の名前を、僕は今でもしっかり覚えています。いつか名前をインターネットで検索してみようと思います。もしも願いをかなえてプロのサッカー選手になってくれていたら本当に、すごく嬉しいです。

第五章

社長になるために必要なことはすべて「営業」から学んだ

社長になる前に、3年は営業マンをやった方がいい

僕が今社長として会社を経営していて、これまでの経験が役に立っているなあと思う最大のものはサラリーマン時代の営業経験です。

社会にはルールやマナーが存在します。ルールやマナーというのは、人間が1人しかいないところでは必要ないものですが、2人以上が集まると、そこには必ず必要となるものです。この**ルールやマナーについての正しい感覚を、最も効率的に学べるのがサラリーマン、その中でも営業マン**だと思うのです。

若くして起業して社長になる、という成功イメージを抱く人の中には、もしかしたらこの社会のルールやマナーへの意識が欠落しているのではないか?と思うような人が、実は結構見受けられます。

横柄な口の利き方や態度、常識的なビジネスマナーの欠落、部下へのパワハラ、

取引先への愛のない冷酷な仕事ぶり。それでもお金が儲かっている間は、へいこらしてくれる取り巻きがいるかもしれません。

ですが、そんな人たちがひとたび危機に陥ったときには、仲間から見放されて、すぐにビジネスの世界から放り出されてしまいます。

なぜそんな当然予測できるようなことに気付かないのか？　それは、やはり、社会経験の少なさゆえだと思います。

会社員生活では毎日、様々なことが起こります。世の中の理不尽さに苦しんだり、ノルマのプレッシャーに耐えたり、また一方で、仲間と励まし合ったり、一緒に喜び合ったり。

良いことも悪いことも、嬉しいことも悲しいことも、目的を共有する「集団」や「組織」だからこそ味わうことのできるものがたくさんあります。それらを机上の空論ではなくリアルに体験していることが、将来、経営者というポジションに就いたときに驚くほど大きな力を発揮してくれます。

どれくらいのサラリーマン経験が必要か？　期間でいえば、3年が目安です。1年では、組織の中でのポジショニングに変化があまりないので、それほど多くのことは学べません。昔からのことわざにあるように「石の上にも三年」。3年というのが一つの区切りになると思います。

僕は、この「3年」を4回繰り返して、合計12年間にわたって会社員をやっていました。当時の経験は、経営者となった今の僕にはもう二度と味わえないもので、ほんとうに宝物だと感じています。あの日々がなかったら、今の僕は存在していません。

組織の中で仕事をする経験を積むということだけで言えば、経理や総務などの事務職でもいいわけですが、将来的に起業を考えている場合は、やはり営業マン経験が最も役に立ちます。そのほかの業務とのいちばん大きな違いは、営業マンは、外部の人とたくさん会えるということ。なるべく若い間にどれだけたくさんの人と会って、彼らの本気の要望、つまり「欲」のホンネを聞き出せたかということが、将来の起業への大きな糧になるのです。

営業ができれば人脈ができる

営業マンの最大のメリットは、たくさんの人に会えることだと前述しました。しかも、ただ漫然と会うのではなく、肉食営業は相手の方（お客様）と商品を通じて「喜び」や「幸せ」を共有することを目指すもの、でしたよね。相手の幸せを本気で願い、そのために行動する営業マンは間違いなく確かな信頼を得ることができます。信頼関係で結ばれた営業マンとお客様は、互いが互いの「人脈」となってどんどん拡大していきます。

そうなんです。

肉食営業は、実は、素晴らしい人脈を育てることができるのです。

先日、タイに出かけた時に、タイの不動産物件の案内を受けました。投資商品として購入しませんか？という話で、好奇心旺盛な僕は、興味津々。かなり本気で物件の見学をしてきました。

ただ、海外の不動産を日本人が買うのは結構大変です。まず、日本の銀行は基本的には融資をしてくれない。また、物件の案内書や契約書を見せられても現地の言語で書かれていますから、タイの場合はタイ語。まったく、ただの一文さえも僕には理解できません。

結局、こういう局面では、信頼できる人に仲介をしてもらう必要が生じます。タイの不動産事情に詳しくて、銀行融資にも顔が利いて、誠実に仲介の労を取ってくれる人。そんな人、普通だったらなかなか思いつきません。

だけど僕の場合は、これまでの肉食営業のおかげで、互いにＷＩＮＷＩＮの関係で大切に付き合ってきた方がたくさんいらっしゃいます。そこから人脈を広げていくと……、なんと、ちゃんと見つかりました！　これって、すごいことだと思いませんか。

不動産投資というのは、初期段階から参加して、そのタイミングが早ければ早いほどリスクが高い代わりにリターンも大きく望めます。ただし、まだ何も建物がない状態での投資というのは、かなり怖いものです。紙切れ1枚だけで、結構な金額のお金を出すことになるわけですから。そうなると、頼みの綱は「信用」、ただそれだけです。その信用を連れてきてくれるのが人脈、それを育てるのが肉食営業ということになります。

タイの不動産の話は極端な例ですが、日常においても、情報はいつも人脈でつながった「人」が連れてきてくれます。経営者にとっては、正確な情報をスピーディにキャッチするというのはビジネスの成功を左右する、とても重要なポイントです。

僕がたった3年で会社を3つ経営するようになり、そのどれもが順調に業績を伸ばせているのもすべて肉食営業マンとしてコツコツと開拓し築き上げた人脈のおかげです。

「シェア」は最大の武器

営業マンというのは、これまでに何度も話してきたように、とにかくたくさんの人に会う仕事です。人の考えや感じ方は千差万別なので、Aさんには購入の決め手となった言葉が、Bさんにはまったく響かないということも多く、どういう言葉なら相手の胸に届くのかを失敗を重ねながら学んでいくことになります。

様々な事例がたまってきたら、**自分なりの仮説を立てる→実行→検証というサイクルを繰り返して少しずつ営業力を高めていきます。**

このサイクルの中で、僕がぜひお勧めしたいのは、**自分が得た知見を気軽に社内で「シェア」する**ことです。

営業マンの中には、自分以外の営業マンはみんな敵だと言わんばかりにライバル視して、どういう先を回っているのかをはじめ、あらゆる情報を隠そうとする人がいます。

契約が取れたときに同僚からうらやましがられて「コツは?」と聞かれても、「いやあ、たまたまですよ」とごまかして逃げる。自分が恥ずかしい失敗を乗り越えて発見した「役に立ちそうな知見」を他人に教えるなんてとんでもない、という感じ。もしも今そういうことをやってしまっている人がいたら、僕は「それは、自分の利益を守っているつもりで、かえって非常に大きな損をしていますよ」と教えてあげたいと思います。

経験のシェアを、営業マンのみなさんは互いにどんどんやってほしい。「今日はどんなお客さんだった? なにか発見あった?」というような会話が毎日飛び交うような職場環境を自らが口火を切って率先することで、ぜひつくってもらいたいと思います。

このことは、互いの成長を促すという目的の他に、もう一つとても大切な意味があります。それは、**あなた自身の社内での評価、特に同僚からの評価が高まるということです。**

社内の人間関係において、僕はこんなランク付けをしています。

「上司に好かれるのは、三流。部下に好かれるのは、二流。同僚に好かれるのが、一流」

これは、同僚からだけ好かれればいいという意味ではなくて、同僚から「も」好かれる人が一流だということです。というのも、同僚から好かれるのっていちばん難しいことなんです。やはりそこにはライバル心というものが存在してしまうので、どうしても同僚の点数は辛口になってしまうものです。

だけど、だからこそその気持ちを乗り越えて同僚からの好意を受けられるようになった人は、いずれはリーダーになるべき人だとみなされるようになります。社内での出世も、独立起業してからの成功も、同僚から好かれるような人物でないと難しいと思います。

人の好意というのは目には見えないものですが、自分がいないところでじわじわと効き目を表します。たとえば、「青木君に教えてもらったやり方で営業してみたらうまくいった」というような同僚のひとこと。それは直接自分に返ってくるものではありませんが、上司の耳に届いたときには、間違いなく評価アップの対象になるでしょう。他の同僚からも頼りにされて、後輩からの尊敬を勝ち得ることもできるはずです。

「うまくいった方法を気軽にシェアする」という態度は、サラリーマン時代だけでなく起業して経営者になった後でも周りの人たちとのとても良い循環を生み出します。

CARNIVOROUS

「わかるわかる」を共有しよう

口コミの有効性についても、お話ししておきたいと思います。

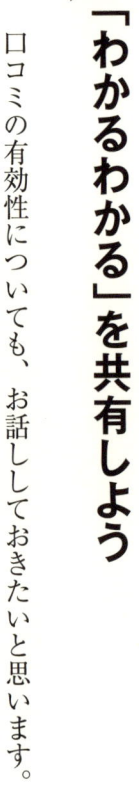

たとえば、ネット通販のプラットホーム最大手の Amazon のプライム会員という制度を例にとりましょう。

読者のみなさんの中で、どのくらいの方が Amazon プライム会員なのかはわかりませんが、かなり高い確率であることは予測できます。僕もそうですし、最近仕事で会った人たちに試しに聞いてみたところ8割くらいが「使ってますよ」とのことでした（もちろん個人的なかかわりの中で一部を対象にした調査です）。

なぜ、プライム会員はそんなに多いのか？（少なくとも僕の周りで）

これは、プライム会員が「勝手に宣伝している」おかげだと思います。

実際僕も、誰に頼まれたわけでもなく、当然 Amazon からなにか見返りがあるわけでもなく、なのに勝手に「Amazon のプライム会員ってホント便利ですよ！」とあちらこちらで話してしまいます。

ここに、営業の究極の形が見えます。それは**「お客様がお客様を呼んでくる」**ということです。

いわゆるトップセールスマンと呼ばれる人たちは、紹介だけでお客様が途切れないと聞きます。途切れないどころか、紹介してもらっても会うまでに相当時間がかかる。それでも待つと言ってくれるお客様が列をなしているそうです。

たとえば保険、車、ワイン、服。誰から買っても「もの」は同じはずなのに「あの人から買いたい」と思わせるものをトップセールスマンは持っているのです。

僕自身も、やたらと人に「紹介する」ことが多いので、このお客様側の心理がよくわかります。自分が「すごくいい！」と思ったものや人を、自分が好きな人たちに教えてあげたくなるのです。そして、一緒に「いいね！」と言い合いたい。「わかるわかる」と喜びを共有したい。そこには、こんないい情報を教えてあげて喜んでもらえたことがただただ純粋に「うれしい」という気持ちだけがあります。

身近な例としては、デパートなどの食品売り場での「試食」、これは「わかるわかる」の共有の場になっています。

店員さんは「これ、おいしいんですよ！（わかって！）」と試食を差し出す。食べたお客様は「おいしいですね！（わかるｗわかる）」と共感する。薦めた方も食べた方も両方が嬉しくなり、商品が売れます。その様子を見て、また別のお客様が「私も食べてみたいわ」と近づいてきて、お客様同士が勝手に「おいしい？」「おいしいですよ」なんて会話を始めたりするようなことも起こります。

満足度が高いもの（あるいは人）を提供できれば、その価値や存在は口コミとなって拡大していきます。これぞ、まさに究極の肉食営業。自分自身がその熱烈な口コミの対象になれるように行動していきましょう。

CARNIVOROUS

プライドというぜい肉は、落とせ！

「プライド」という言葉はいろいろな使われ方をしますし、使う人によってそのニュアンスも様々であると思います。だから、こういう決めつけ方は、もしかしたら誤解を生む可能性もありますが、それでもあえて言わせてください。

「プライドには1円の価値もない！」

ここでいう「プライド」は、たとえばこういうときによく使われるものです。

「頭を下げるなんて、プライドが許さない」

「つまらない仕事ばっかりで、プライドが保てない」

「あんな暴言を吐かれて、プライドが傷ついた」

いやあ、ここにこのような例を書いているだけで僕はすでにもう「イラッ」としてきました（笑）。

この手のプライドは、本当に、1円の価値もありません。

こういうプライドの高さというのは、案外若い人ほど身につけてしまっています。

僕も今では30代になり、今よりもっと若かった頃の自分の妙なプライドを思い出して恥ずかしい気持ちになります。

高校を出て就職した会社は小田急系の建設会社でした。僕は神奈川県が地元なので、神奈川で小田急といえば知らない人はいない。地元の足であり、地元民にとっては親しみと同時に誇らしくも感じている企業の一つです。

そういう有名企業に就職できたことで、僕は「自分はすごい」「自分はできる」と思い込んでしまいました。とはいえ小田急に在籍していた間は、周りの社員もみんな同じ小田急の人たちですから、特別にそれを意識することはなかったのですが、その後、転職をして飲食業の営業に携わったときに、そのプライドが大きな障壁になりました。

施工会社の現場管理から、飲食店の営業への転身。当然、すぐにうまくなじめるわけもなく、画期的な仕事ぶりを発揮できるわけもありません。なのに、僕は「小田急という優良企業にいた」というプライドのせいで、「わからないから教えてください」「それはやったことがないから、これから勉強します」という当たり前の言葉が出せなくなっていたのです。そのせいで、本当に苦しい思いをしました。

「こんな変なプライドなんて邪魔だから捨てよう」

毎日そう思うのですが、全然捨てられない。自分自身の心に完全にしみついてしまっているのです。これが、「プライド＝ぜい肉」説（笑）。落としたいけど、落とせないんです。プライドのダイエット方法、これ、考えついた人はすごいと思います。効果的なやり方があるなら教えてほしいくらいです。でもおそらく、僕がそうであったように、自分自身で苦しみながら、悩みながら、少しずつ落としていくしかないような気がします。

僕の場合は、気がついたらなくなっていました。ある日、ふと、「あれ？　自分の頭の中からプライドという言葉が消えたぞ」と感じたことがありました。そして、以前よりも素直で優しい気持ちになれていることを発見しました。それ以来おかげさまでプライドのリバウンドはありません。

これは僕の考え方なのですが、プライドというのは、簡単に「意地」になってしまうような気がします。「プライド」と似た言葉に「誇り」という言葉があります。それらの意味するものの違いを別の言葉を使って説明するとしたら、**プライドは意地で、誇りは自信。**僕はそう思います。

どんなに若くたって、どんな状況にいたって、自分自身に対する誇り＝自信は持ったほうがいい。だけど、プライドは時として凝り固まった意地になって自分自身を苦しめてしまいます。

今、なにか毎日が憂鬱だ、周りの人とうまくいかない、仕事の業績が思うように上がらない……、そういう人は、一度自分の心を見つめ直してみてください。そこに、変なプライドがドーンと居据わってはいませんか？

営業力をつけるのは、「今でしょ！」

この本をここまで読んでくださった方は、僕が繰り返し話してきたこのフレーズがすでに頭の中にインプットされていると思います。

「営業というのは、お客様と並んで、一緒に目の前の壁を越えることです」

つまり、**誰かの願望をかなえること。そのための手段としてものを提供すること。結果を共に喜び合うこと。これが、僕の営業の定義です。**

だから、仕事には必ず営業力が必要です。

仕事というのは、どこかのタイミングで必ず自分以外の人と関わることになります。一人で黙々とものづくりをする職人さんだったとしても、それを誰かに見せたり売ったりするわけですから。

ましてや起業して社長になりたいと思うのなら、営業力は必須の能力です。「今はまだないけど、あとで身につければいいや」ではダメなんです。営業力が仕事の土台を作ってくれるので、いちばんに営業力を持ってくることが必要です。

最近の（と言っても、すでに少し古びた感じだけど）言い方を真似するなら「営業力ファースト」でいこうよ、ということです。さらにもっと古い流行語を使うなら、営業力をつけるのは、「今でしょ！」

と声を大にして言いたいし、みなさんも自分に向かって言い聞かせてほしいです。

就職して仕事を始めて、これからいろいろなスキルを身につけるぞ！と思っているなら、まずは営業力が最優先です。**営業力がないと、社内でのコミュニケーションもうまくいきません。営業力がないと、当然人の上には立てないので出世も見込めません**（たぶん、恋愛も難しいと思います）。

人間1人の力というのは、たかが知れています。

仮に、1人の持つ力が10だとして、大きな仕事をやり遂げるためには100の力が必要だとします。10から100への力の拡大は、どう考えても自分ひとりのスキルアップだけでは追いつかないでしょう。

だけど、自分が10を持っていて、10を持っている誰かを仲間にできたら、それで20になります。さらに仲間を増やしていけば、１００の力を集めることができます。自分自身がものすごくトレーニングを積んで、必死で勉強もして１００になることよりも、仲間を増やすという営業力によって１００を目指したほうが効率的だし、幸せな人が増えることにもなって、世の中の幸せの総量が大きくなることにもつながります。

仲間を増やして力を増強していく、ということを、僕は実は２つのマンガから学びました。それはどちらも超大ヒット作にしてロングセラーの『ONE PIECE（ワンピース）』（尾田栄一郎・作／集英社）と『キングダム』（原泰久・作／集英社）です。

それぞれの作品は、ワンピースは主人公のルフィが海賊王を目指して冒険を重ねていく話で、キングダムの方は中国の歴史がベースになっている、いわゆる戦記物です。主人公の信《しん》は「大将軍になる」という夢を掲げて次々に戦いに挑んでいきます。

２作品の共通点は、主人公の夢が最初から一貫してぶれないということ。そして、その主人公に憧れて、人が集まって仲間がどんどん増えていくところです。

ルフィも信も、とにかく「営業力」が半端なくすごい。仲間を増やすという営業力が最強なんです。まさに「売り物は自分自身」を体現しています。いろいろな才能や能力を持つ仲間が助けてくれるから、どんな壁も乗り越えていける。

つまり、結局は、**仕事を円滑に進めようと思うなら人間関係こそがいちばん大事**なんです。大きな仕事を成し遂げようと思うなら、絶対に仲間が必要になります。自分ひとりがどんなに優秀でも、仲間に支えられたリーダーにはかないません。

そして、そういう仲間を作るのが「営業力」なのですから、何はさておき、まずいちばんにあなたがつけるべきものは「営業力」というわけです。

僕がこの本を出版しようと思った理由は、まさにここにあります。

おわりに～僕は、あなたを幸せにしたい

書店に並ぶたくさんの本の中から、本書を見つけて、そして、手に取っていただきありがとうございます。

この本の何があなたをその行動に駆り立てたのか？

キーワードの「肉食営業」が気になったのか、あるいは帯の文句が目に留まったのでしょうか。どんな理由にしても、本を通じて出会えたことがとても嬉しいです。

本当にありがとうございます。

きっと、今、営業という仕事に悩んでいるんでしょう？

もしかしたら、今月のノルマが達成できそうにないのかな？

まさか、外回り営業の途中のサボリ時間だったりして？（全然ＯＫ！ですよ。笑）

あなたが抱えている今の不安や悩みに対して、この本がなんらかのお役に立てたならいいんですが、どうでしょう。

少しはスッキリしましたか。もう少し頑張ってみようと思えたでしょうか。

いやいや、本を読んだくらいで解決するような悩みじゃないんだよ！という方もおられるかもしれませんね。

僕が本書の中で伝えたかったのは、「営業」というのは単に会社員としての仕事の一つではなくて、よりよい人生を生きていくために必要かつ大切な能力だということです。一般的にはモノを売るのが営業だと思われているので、それをきっぱり否定したくて、あえて「肉食営業」という新しい概念を提示してみることにしました。「肉食営業」というのは、つまりはこういうことです。

〝オレがオマエを幸せにしてやる！〟

出会った誰かを幸せにするのは、なにも恋愛の世界だけの話ではありません。営業マンとして出会ったお客様を、自分自身の知識や経験、そして自分が紹介できる商品で幸せにする。その想いを常に持って、営業という仕事を楽しんでもらいたいのです。

そのためには日々のルーティンワークにどんなふうに取り組めばいいのか、トラブルに巻き込まれたときにはどう対処すればいいのか、また、これから出会う未知のお客様と、どんなふうにコミュニケーションを取って、よい関係を築き上げていけばいいのか。

なるべく具体的な行動例を紹介しながら、でも、ノウハウに偏ることなく、ベースにある考え方を本書では繰り返しご紹介しました。

仕事というのは、関わった誰かを幸せにしながら、それによって自分自身も幸せを感じる、そういうものだと思います。そして、営業が大好きな僕は、営業こそ、その幸せのど真ん中にある仕事だと思っています。

どうか、この本をきっかけに、営業という仕事の素晴らしさに目を向けてください。その素晴らしい仕事で、たくさんの幸せを一緒に世の中に生み出していきましょう。

最後にもうひとつ。

この本でつながった人たちは、もうすでに僕にとっては大切なお客様です。だから、僕はこれからも全力で、あなたを幸せにするためにがんばっていくことを約束します。

令和元年9月

青木宏樹

本書をお読みくださったあなたへ 素敵な無料プレゼントのお知らせ!

特典1 営業マンとして最小限やっておくべきこと3大特典

すべて動画にて解説!

- トップセールスマンの仕事術
- 成約率９９%!の商品アプローチ
- 準備に8割の成功法則が隠されている!?

特典2 有料出版セミナーに無料ご招待

※セミナーの詳細は、お申し込みされた方のみにお知らせします。

プレゼントの受け取り方法

01 特典お申込み用のQRコードはこちら☞

もしくは、スマホでLINEアプリを開き、
[友達追加]→[ID検索]で、以下のように入力してください。

@wzo6394u (@をお忘れなく)

02 「友達追加」していただき、「肉食営業」とメッセージを送ってください。

また、出版セミナーのご参加希望の方は、「出版セミナー参加希望」と付記して送ってください。

『人脈起業』『営業マンは、今すぐ“肉食”になれ』の著者・青木宏樹とLINE友達になれるチャンス!

プロフィール

青木 宏樹　（あおき ひろき）

1986年、横浜生まれ。 事業家。ビジネス投資家。

高校を卒業してすぐに建築業界に就職。

会社員時代は、忙しい仕事の合間に休みを返上して「宅地建物取引士」と「建築士」の資格を取得。自己啓発の本を読み漁り実践を繰り返していたおかげもあり、会社員時代の27歳の時はすでに年収750万円。人並み以上の生活をしていた。それでも自分の思い描く生活はできないと考え、友人のツテもあって一度飲食店経営の手伝いを経験。

夢にまで見た起業に憧れ、奮闘した。しかし、朝9時～深夜3時まで1日18時間、毎日休みなく過酷な肉体労働を強いられ、時給300円以下の低賃金で、精神的にも肉体的にも苦痛を受け挫折。

そこでもう一度成功をつかもうと一人で別事業に取り組み、見事3カ月で実績を上げる。自身の会社も1期目は年商4200万円、2期目は年商5億円を達成。現在では3社の経営者として活動中。不動産や投資信託などの投資家としても活動中。

自身の起業の経験を活かし、主にサラリーマン層に向けて収入アップの方法やコミュニケーションスキルのノウハウを発信している。

● infinity コミュニケーショングループのサイト
https://peraichi.com/landing_pages/view/infinity2019

営業マンは、今すぐ“肉食”になれ

――いち営業マンだった僕が社長になれた理由

2019年12月10日　初版第1刷発行

著　者　　青木宏樹
発行者　　赤井　仁
発行所　　ゴマブックス株式会社
〒107-0062
東京都港区南青山6丁目6番22号
印刷・製本　株式会社シナノ

ISBN 978-4-8149-2203-1

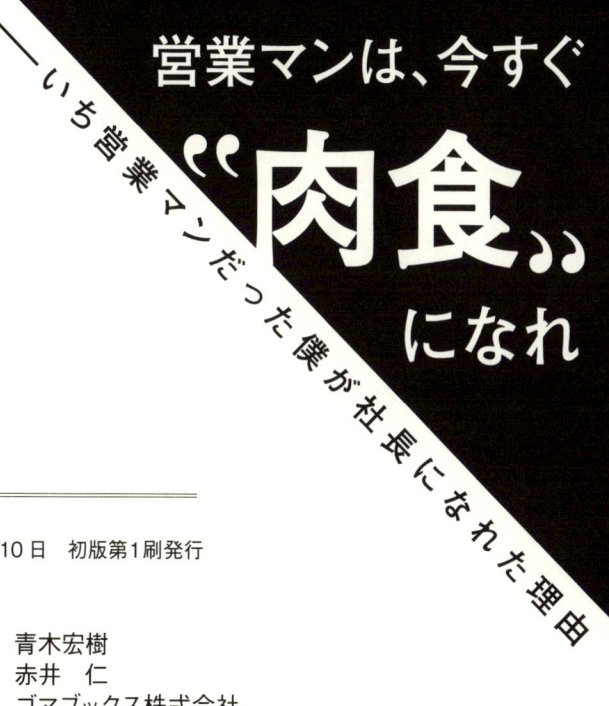